Arbeitsbuch Selbstachtung

Ausführliche Informationen zu jedem unserer lieferbaren und geplanten Bücher finden Sie im Internet unter www.junfermann.de – mit ausführlichem Infotainment-Angebot zum JUNFERMANN-Programm …

Besuchen Sie auch unsere e-Publishing-Plattform www.active-books.de.

Arbeitsbuch Selbstachtung

Ein wirksames Programm, sich selbst mehr zu mögen

Glenn R. Schiraldi

Aus dem Englischen
von Theo Kierdorf
und Hildegard Höhr

Junfermann Verlag · Paderborn
2008

Copyright © der deutschen Ausgabe: Junfermannsche Verlagsbuchhandlung, Paderborn 2008
Copyright © 2001 by Glenn R. Schiraldi
Titel der amerikanischen Originalausgabe: *The Self-Esteem Workbook*.
Erschienen bei New Harbinger Publications, Inc., Oakland
Übersetzung aus dem Englischen: Theo Kierdorf und Hildegard Höhr
Covergestaltung / Reihenentwurf: Christian Tschepp
Coverfoto: © soschoenbistdu / Fotolia.com
Satz: SpaceType, Köln

Bibliographische Information der Deutschen Bibliothek
Die Deutsche Bibliothek verzeichnet diese Publikation in der Deutschen Nationalbibliographie;
detaillierte bibliographische Daten sind im Internet über http://dnb.ddb.de abrufbar.

ISBN 978-3-87387-692-7

Wenn wir den Samen einer Rose in die Erde pflanzen, sehen
wir, daß er klein ist; aber wir kritisieren nicht, daß er »ohne
Wurzel und ohne Stiel« ist. Wir behandeln ihn, wie man einen
Samen behandelt, indem wir ihm Wasser und Nährstoffe geben,
die ein Same braucht. Brechen dann seine ersten Schößlinge aus
dem Boden hervor, kritisieren wir weder, daß er unreif und unter-
entwickelt ist, noch, daß seine Knospen noch nicht geöffnet sind,
wenn sie gerade erst zum Vorschein kommen. Vielmehr stehen wir
da, staunen über den Prozeß, der da vor unseren Augen stattfindet, und lassen der Pflanze die Fürsorge zukommen, die sie in
jedem Stadium ihrer Entwicklung benötigt. Die Rose ist eine
Rose, auch wenn sie noch ein Same ist, und bleibt es bis
zum Zeitpunkt ihres Todes. Während dieser ganzen
Zeit umfaßt sie ihr gesamtes Potential, das sich
ständig verändert. Doch sie ist in jeder Pha-
se ihrer Entwicklung, in jedem Augenblick,
[ganz] wie sie ist (Gallwey 1974).

*Ich widme dieses Buch meiner Mutter, die in
meinen Augen ein Engel war und die – wie
so viele andere Mütter in der Menschheits-
geschichte – mir stillschweigend viele der Prinzipien vermittelt hat, die ich in diesem Buch
beschreibe.*

Inhalt

Teil I

Selbstachtung verstehen

Teil II

Faktor I – Die Realität des bedingungslosen Wertes von Menschen

Faktor II – Bedingungslose Liebe erleben

Faktor III – Die aktive Seite der Liebe: Wachsen

Danksagung

Niemand von uns sieht klar, wenn er nicht auf den Schultern derjenigen steht, die ihm vorangegangen sind.

Ich möchte dem verstorbenen Morris Rosenberg, Professor der Soziologie an der University of Maryland, danken. Von Dr. Rosenbergs Theorien, seiner akribischen Forschungsarbeit und seiner Lehrtätigkeit habe ich bei meiner Auseinandersetzung mit der Selbstachtung sehr profitiert. Ebenso bin ich dem verstorbenen Dr. Stanley Coopersmith dankbar, dessen bahnbrechende Untersuchungen in Verbindung mit den Erkenntnissen Dr. Rosenbergs die theoretischen Grundlagen dieses Buches bilden.

Besonderen Dank schulde ich Claudia Howard, durch deren Geduld in Gesprächen, theoretische Einsichten und praktische Ideen mein Denken weit über das Niveau hinausgelangte, das es ohne diesen Einfluß erreicht hätte.

Mein Dank gilt weiterhin Dr. John Burt, Direktor des *College of Health and Human Performance*, der mir beigebracht hat, das Denken zu meinem Hobby zu machen. Meine Mitarbeit an seinem Projekt »Ways of Knowing about Human Stress and Tension« ermöglichte es mir, mich erstmals mit der Umsetzung der Theorie über Streß und Selbstachtung in die Praxis auseinanderzusetzen.

Ich danke auch den Studenten der University of Maryland, älteren und jüngeren, die mir geholfen haben, die Theorie und Praxis der Vermittlung von Selbstachtung zu verbessern.

Auch Theoretikern und Praktikern der kognitiven Psychotherapie, die Kapitel 5 dieses Buches beeinflußt haben, möchte ich an dieser Stelle danken. Albert Ellis ist der Erfinder des ABC-Modells, des »Katastrophierens« und der verinnerlichten Forderungen. Von Aaron Beck stammen die Idee der automatischen Gedanken, der Begriff »Verzerrungen«, die Definitionen der meisten heute in der kognitiven Therapie berücksichtigten Verzerrungen des Denkens, die Idee einer zentralen Überzeugung oder Grundüberzeugung sowie die Idee, Gedanken, Verzerrungen und Stimmungen zu protokollieren. David Burns ist Autor des Buches *Feeling Good*, einer sehr praxistauglichen Anwendung der von Beck entwikkelten Theorien. Mit großer Dankbarkeit möchte ich auch jene hier erwähnen, die mich bei der Abfassung von Kapitel 15 inspiriert haben, darunter Russell M. Nelson *(The Power Within Us)*, L. Schlossberg und G. D. Zuidema *(The Johns Hopkins Atlas of Human Functional Anatomy)*, die National Geographic Society *(The Incredible Machine)* und J. D. Ratcliff (Urheber der Serie »*I Am Joe's* ...«).

Besonders dankbar bin ich Bev Monis, die mit unendlicher Geduld das Manuskript erstellte, und Carol Jackson, die die wunderschöne Grafik für die Originalausgabe kreierte, welche als Grundlage für die grafische Gestaltung der vorliegenden Ausgabe diente.

Schließlich möchte ich mich noch aufrichtig bei all den wundervoll gewissenhaften und ermutigenden Mitarbeiter des Verlags *New Harbinger Publications* bedanken, insbesondere bei Patrick Fanning, Jueli Gastwirth, Kasey Pfaff, Amy Shoup und Michele Waters.

Einleitung

Im Grunde müssen wir uns als Wunder verstehen.
— Virginia Satir

Selbstachtung ist zwar nicht der einzige Faktor, der darüber entscheidet, ob wir glücklich sind, aber zweifellos ist sie einer der wichtigsten unter diesen Faktoren.

Der beliebte Komiker George Burns (1984) hat einmal gesagt, daß die meisten Dinge, die Menschen glücklich machen – Gesundheit, Ehe, die Gründung einer Familie, Respekt vor uns selbst usw. –, uns nicht in den Schoß fallen. Wir »müssen ein wenig an ihnen arbeiten.«

Ebenso verhält es sich mit der Selbstachtung. Wie die Pflege eines Gartens erfordert auch die Entwicklung unseres Selbstwertgefühls ständige Bemühung. Das Programm durchzuarbeiten, das in diesem Buch beschrieben wird, erfordert etwa eine halbe Stunde täglich, 125 Tage lang. Lohnt sich diese Investition? Wenn wir bedenken, in welchem Maße die Selbstachtung unser psychisches und körperliches Wohl beeinflußt – kurzfristig wie langfristig –, gibt es wohl nur wenige Anstrengungen, die sinnvoller sind als diese.

Das Programm, das Sie nun bald durcharbeiten werden, ist der zentrale Bestandteil des Kurses »Stress and the Healthy Mind« (»Streß und der gesunde Geist«), den ich entwickelt habe und an der University of Maryland anbiete. Es hat sich herausgestellt, daß die Arbeit darin die Selbstachtung stärkt und gleichzeitig bei Erwachsenen im Alter von 18 bis 68 Jahren Symptome von Depression, Angst und Feindseligkeit verringert (Schiraldi & Brown 2001; Brown & Schiraldi 2000). Obwohl die im vorliegenden Buch erläuterten Prinzipien hauptsächlich für Erwachsene gedacht sind, lassen sie sich auch auf Jugendliche und, leicht vereinfacht, sogar auf Kinder anwenden.

Teil I

Selbstachtung verstehen

1

Warum Selbstachtung?

Wie glücklich kann sich ein Mensch mit gesundem Selbstwertgefühl schätzen. Es besteht allgemein Einigkeit darüber, daß Selbstachtung eine zentrale Voraussetzung für geistige und körperliche Gesundheit ist, wohingegen eine negative Einschätzung der eigenen Person sowohl die Gesundheit als auch die Leistungsfähigkeit eines Menschen beeinträchtigt. Selbstantipathie *(self-dislike)* scheint beizutragen zur Entstehung und Verstärkung von

→ Depression
→ Angst
→ Streßsymptomen
→ psychosomatischen Krankheiten wie Kopfschmerzen, Schlaflosigkeit, Erschöpfung und Störungen der Verdauungsfunktion
→ Feindseligkeit, übermäßigem oder tiefreichendem Ärger, Antipathien und Mißtrauen anderen gegenüber, Konkurrenzdenken
→ Ehegatten- und Kindesmißhandlung
→ Neigung zu von Mißbrauch/Mißhandlungen geprägten und ganz generell unglücklichen Beziehungen
→ Alkohol-, Medikamenten- und Drogenmißbrauch
→ Eßstörungen und ungesunden Eßgewohnheiten
→ schlechter Kommunikation (z. B., unsicheren, aggressiven, defensiven, von Kritik oder von Sarkasmus geprägten Kommunikationsweisen)
→ Promiskuität
→ Abhängigkeit
→ Empfindlichkeit gegenüber Kritik
→ Tendenz zum Erwecken eines trügerischen Anscheins, um andere zu beeindrucken
→ soziale Probleme – Rückzug, Einsamkeit
→ schlechtes Leistungsvermögen, schlechte schulische Leistungen
→ ständige sinnlose Beschäftigung mit Problemen
→ Sorgen um Ansehen und Status

In Anbetracht dessen ist es kein Wunder, daß Selbstantipathie als »unsichtbares Handicap« bezeichnet wird. Hingegen ist Selbstachtung (ein starkes Selbstwertgefühl) sehr eng verbunden mit allgemeiner Zufriedenheit. Im Rahmen einer Gallup-Studie aus dem Jahre 1992 äußerten 89 Prozent der Teilnehmer, eine intakte Selbstachtung sei sehr wichtig, wenn man einen Menschen motivieren wolle, hart zu arbeiten und erfolgreich zu sein. Selbstachtung ist den Ergebnissen dieser Untersuchung zufolge als Motivationsfaktor wichtiger als jede andere untersuchte Variable. Insofern ist es nicht überraschend, daß Menschen mit einem starken Selbstwertgefühl mit wesentlich höherer Wahrscheinlichkeit förderliche Verhaltensweisen bevorzugen. Menschen mit gesunder Selbstachtung sind in der Regel freundlicher, ausdrucksfähiger und aktiver, vertrauen sich selbst und anderen Menschen mehr und werden in geringerem Maße von inneren Problemen oder negativen Reaktionen auf Kritik geplagt (Coopersmith 1967). Im Falle einer psychischen Störung reagieren Menschen mit gesundem Selbstwertgefühl günstiger auf therapeutische Hilfsangebote, und bei genesenden Alkoholikern mit intakter Selbstachtung kommt es seltener zu Rückfällen (Mecca, Smelser & Vasconcellos 1989). (Siehe hierzu auch Anhang I: »Modell für die Unterstützung leidender Menschen«.) In der gesamten einschlägigen Literatur sucht man vergeblich nach Hinweisen auf potentielle Nachteile einer intakten Selbstachtung. Deshalb lautet eine der Grundannahmen, auf denen dieses Buch basiert, daß Selbstachtung nicht nur zur Verringerung unerwünschter Streß- und Krankheitssymptome beiträgt, sondern auch eine entscheidende Grundlage für das menschliche Wachstum ist.

Trotz der großen Bedeutung der Selbstachtung hat man bisher der direkten Arbeit an ihrer Stärkung erstaunlich wenig Aufmerksamkeit geschenkt. Beispielsweise wird als eines der Ziele einer psychotherapeutischen Behandlung häufig die Stärkung der Selbstachtung oder des Selbstwertgefühls genannt. Doch gibt es für die Annahme, daß durch Verringerung von Krankheitssymptomen indirekt die Selbstachtung gestärkt wird, keine fundierten Belege. Weil ein umfassender Ansatz zur Stärkung der Selbstachtung nicht existiert, haben einige Wohlmeinende »Soforthilfemethoden« entwickelt, welche die Selbstachtung langfristig sogar schädigen können.

Dieses Buch erläutert Schritt für Schritt eine auf fundierten Prinzipien basierende Methode zum Aufbau einer gesunden, realistischen und generell stabilen Selbstachtung. Dieser Ansatz entfaltet seine positive Wirkung nur, wenn die beschriebenen Fertigkeiten tatsächlich angewandt und geübt werden. Nur über das erforderliche Wissen zu verfügen reicht nicht aus. Jede beschriebene Fertigkeit zur Stärkung der Selbstachtung baut auf der Meisterung der zuvor beschriebenen Fertigkeiten auf. Wie schon Abraham Maslow feststellte, erfordert die Entwicklung des Selbstwertgefühls das Wirksamwerden vieler starker Einflüsse (Lowry 1973). Deshalb empfehle ich Ihnen, sich Ihrem Drang, dieses Buch zu schnell durchzulesen, standhaft zu widersetzen. Besser nehmen Sie sich hier und jetzt vor, sich die jeweils erläuterte Fertigkeit umgehend anzueignen, bevor Sie sich der nächsten zuwenden.

Der Anfang

Die folgende Untersuchung des Zustandes Ihrer Selbstachtung (Selbstachtungs-Check-up) liefert Ihnen einen Basiswert, an dem Sie Ihre Fortschritte im Laufe der Arbeit mit diesem Buch messen können. Es ist beruhigend, wenn man sich darüber im klaren ist, daß jeder Mensch schon von Geburt an über ein gewisses Maß an Selbstachtung verfügt, auf dem er aufbauen kann. Der Check-up ist nicht besonders kompliziert, und es ist auch nicht wichtig, wie gut Sie dabei verglichen mit anderen abschneiden. Sie können also ganz entspannt an die Sache herangehen und sich bemühen, möglichst ehrlich zu sein.

Der Selbstachtungs-Check-up

Schätzen Sie zunächst mit einem Wert zwischen 0 und 10 ein, wie sehr oder wie wenig Sie vom Zutreffen der folgenden Aussagen überzeugt sind, wobei der Wert 0 (null) bedeutet, daß Sie überhaupt nicht an die Aussage glauben, und 10, daß Sie die Aussage für absolut wahr halten.

Aussage	Einschätzung
1. Ich bin ein wertvoller Mensch.	_____
2. Ich bin ein ebenso wertvoller Mensch wie jeder andere auch.	_____
3. Ich verfüge über die Eigenschaften, die ich brauche, um gut leben zu können.	_____
4. Wenn ich mir im Spiegel in die Augen schaue, empfinde ich das als angenehm.	_____
5. Ich fühle mich nicht wie ein genereller Versager.	_____
6. Ich kann über mich selbst lachen.	_____
7. Ich bin glücklich, ich zu sein.	_____
8. Ich mag mich selbst, auch wenn andere mich ablehnen.	_____
9. Ich liebe und unterstütze mich, ganz gleich, was geschehen mag.	_____
10. Ich bin mit der Art, wie ich mich als Mensch entwickle, grundsätzlich zufrieden.	_____
11. Ich achte mich selbst.	_____
12. Ich bin lieber ich als jemand anders.	_____

Gesamtergebnis _____

Schätzen Sie nun die Stärke Ihrer Selbstachtung auf den im folgenden abgebildeten Skalen ein (Gauthier, Pellerin & Renaud 1983):

0   100

Völliges Fehlen   Voll entwickelte
von Selbstachtung   Selbstachtung

Ihre Reaktion _____

Wie oft fühlen Sie sich aufgrund mangelnder Selbstachtung in Ihren Alltagsaktivitäten beeinträchtigt?

1	2	3	4	5
immer	oft	manchmal	selten	nie

Ihre Reaktion _____

Für wie stark halten Sie Ihr Problem bezüglich der Selbstachtung?

1	2	3	4	5	6
nicht vorhanden	leicht	mäßig stark	schwerwiegend	extrem stark	völlig lähmend

Ihre Reaktion _____

2

Sich bereit machen: Die physische Vorbereitung

Körper und Geist sind miteinander verbunden. Wenn Sie sich psychisch optimal fühlen wollen, sollten Sie gut für Ihren Körper sorgen. Das ist naheliegend. Menschen, die sich gestreßt und erschöpft fühlen oder sich psychisch in einem Tief befinden, trainieren ihren Körper häufig zu wenig, ernähren sich schlecht und ruhen sich nicht genügend aus. Oft nehmen sie an, es sei zu zeitaufwendig und zu schwierig, gut für ihren Körper zu sorgen. Statt dessen hoffen sie auf eine Schnellhilfe, die es ihnen ermöglicht, ihre grundlegenden körperlichen Bedürfnisse weiter zu ignorieren, worunter dann ihre psychische Gesundheit und ihre Leistungsfähigkeit leiden. Worum es hier geht, ist so wichtig, daß ich es noch einmal nachdrücklich wiederholen möchte: Sie können Ihren Körper nicht ignorieren und erwarten, daß Sie sich trotzdem wohlfühlen. Zeit, die Sie in die Erhaltung und Verbesserung Ihrer körperlichen Gesundheit investieren, ist in jedem Fall gut und sinnvoll investiert. Dies führt letztendlich zu einer Zeitersparnis, weil Ihre Leistungsfähigkeit und, was noch wichtiger ist, auch Ihre psychische Gesundheit verbessert werden.

Dieses Kapitel wird Ihnen helfen, einen einfachen Plan zur Förderung Ihrer körperlichen Gesundheit zu entwickeln und auszuführen. Dabei geht es um drei Bereiche: aerobisches Training, Schlafhygiene und Eßgewohnheiten.

Aerobisches Training

Körpertraining wirkt sich positiv auf die Selbstachtung (Sonstroem 1984) und auf die allgemeine psychische Gesundheit (Morgan 1984) aus. Körpertraining ist auch eine anerkannte Methode für Gewichtskontrolle und Verbesserung der Nachtruhe. Unser Ziel ist ein mindestens dreißigminütiges aerobisches Training an den meisten Tagen der Woche. Kraft- und Flexibilitätstraining sind ebenfalls sehr nützlich und haben zusätzliche positive Auswirkungen. Wenn Sie die Zeit dafür haben, können Sie diese Aspekte in Ihr Trainingsprogramm integrieren. Ist Ihnen das nicht möglich, sollten Sie sich mit dem Aerobic-

Training begnügen – einem über längere Zeit ausgeführten rhythmischen Training, das die Herzfrequenz leicht erhöht. Dies kann in Form von Walking (Gehen), Fahrradfahren, Rudern, Schwimmen, Treppensteigen (auch in Form von Steptrainern) und Jogging geschehen. Die beste Übung für Sie ist wahrscheinlich diejenige, die Ihnen am meisten Freude macht. Mäßiges, aber regelmäßiges Training ist das Ziel.

Durch tägliches dreißigminütiges Gehen kann man sehr gute Resultate erzielen, wenn man abnehmen oder Streß abbauen will. Zusätzliches Krafttraining trägt zum Fettabbau bei, weil die Muskeln dann das abgelagerte Fett schneller verbrennen. Aber machen Sie sich nicht selbst verrückt, und setzen Sie sich nicht zu sehr unter Druck. Wenn Sie nur wenig trainieren können, ist das immer noch besser, als gar nichts zu tun. Selbst zehnminütiges Gehen zum »Energieauftanken« bei langer Schreibtischarbeit aktiviert nachweislich neue Energie und verbessert die psychische Verfassung (Thayer 1989).

Beginnen Sie mit Ihrem Übungsprogramm sehr vorsichtig, und steigern Sie Ihre Aktivitäten ganz allmählich. Sie brauchen zu niemandem in einen Wettstreit zu treten. Nach dem Training sollten Sie sich erfrischt und im Besitz neuer Energie fühlen. Ein eher angenehmes Müdigkeitsgefühl ist normal, aber Sie sollten sich nicht erschöpft fühlen. Wenn es Ihnen gelingt, Ihre Trainingszeit allmählich auf eine halbe Stunde oder mehr an den meisten Tagen der Woche zu erhöhen, ist das wunderbar. Falls es Ihnen nicht gelingt, tun Sie einfach, was Sie können. Planen Sie ein mäßiges, aber regelmäßiges Training ein. Wenn Sie Einschlafschwierigkeiten haben, sollten Sie vor dem Abendessen oder früher trainieren. Wenn Sie über vierzig Jahre alt sind und bei Ihnen das Risiko einer Herz-Kreislauf-Erkrankung besteht und bekannt ist, sollten Sie vor Trainingsbeginn mit Ihrem Arzt sprechen. Das gleiche gilt natürlich, wenn Sie sich wegen anderer möglicher Auswirkungen eines Trainingsprogramms Sorgen machen.

Schlafhygiene

Schlechter Schlaf wird in vielen Untersuchungen mit Unglücklichsein in Verbindung gebracht (Diener 1984). In den letzten Jahren wurden viele neue Erkenntnisse über Schlafhygiene und die Behandlung von Schlafstörungen gewonnen. Dabei sind zwei Aspekte besonders wichtig: Dauer und Regelmäßigkeit des Schlafs.

Ausreichender Schlaf

Die meisten Erwachsenen benötigen mindestens acht Stunden Schlaf. Die Resultate vorläufiger Untersuchungen deuten darauf hin, daß Erwachsene, die es gewöhnt sind, durchschnittlich acht Stunden zu schlafen, aber zusätzlich noch eine oder anderthalb Stunden länger schlafen, sich besser fühlen und leistungsfähiger sind. Da der heutige Lebensstil jedoch bei vielen von uns an der Schlafdauer »knabbert«, schlafen viele Erwachsene chronisch zuwenig.

Regelmäßigkeit des Schlafs

Regelmäßige Einschlaf- und Aufstehzeiten halten den Schlafzyklus des Körpers stabil. Unregelmäßiges Zubettgehen (z. B. wesentlich später am Freitag- und Samstagabend als an den übrigen Wochentagen) kann Erschöpfung erzeugen und sogar Schlafstörungen hervorrufen.

Eine gute Faustregel ist, daß Sie versuchen, etwas mehr Schlaf zu bekommen, als Sie zu brauchen glauben. Gehen Sie während der ganzen Woche so regelmäßig wie möglich zu Bett, wobei die Schwankungsbreite von Abend zu Abend nicht mehr als eine Stunde betragen sollte. Das gleiche gilt für das Aufstehen.

Eßgewohnheiten

Wenn Sie sich einen Teller vorstellen, auf dem das Fleisch eine kleine Beilage ist und die pflanzlichen Speisen bei weitem überwiegen, haben Sie eine ziemlich exakte Vorstellung von den Ernährungszielen, die Ihnen im folgenden empfohlen werden. Dazu zählen:

→ Nehmen Sie den größten Teil der täglichen Kalorien in Form von Kohlehydraten aus pflanzlichen Nahrungsmitteln (Obst, Gemüse, Vollkorngetreide, Hülsenfrüchten, Nüssen usw.) zu sich. Nahrungsmittel, die frisch, schockgefroren oder nur in geringem Maße industriell verarbeitet wurden, sind in der Regel gesünder, weil sie meist weniger Zucker, Salz und Fett und mehr Faserstoffe und biochemische Stoffe enthalten, wobei letztere vor zahlreichen Krankheiten schützen.

→ Schränken Sie den Konsum von Fleisch, das gesättigte Fettsäuren und Cholesterin enthält, auf ca. 150 g täglich ein. Bevorzugen Sie generell fettarme Fleischsorten und Geflügel ohne Haut. Außerdem können Sie auf »Fleischalternativen« wie Nüsse oder Hülsenfrüchte ausweichen (gekochte Trockenbohnen, Erbsen und Sojaprodukte). Versuchen Sie, jede Woche zweimal Fisch zu essen.

→ Verringern Sie den Konsum von ungesunden Fetten, Zucker und Salz, industriell verarbeiteten und raffinierten Nahrungsmitteln sowie Koffein. Wenn Sie unter Schlafstörungen leiden, sollten Sie mindestens sieben Stunden vor dem Zubettgehen kein Koffein mehr konsumieren. Frauen sollten grundsätzlich nicht mehr als ein alkoholisches Getränk täglich, Männer nicht mehr als zwei zu sich nehmen.

→ Sorgen Sie täglich für ausreichende Kalziumaufnahme. Erwachsene benötigen mindestens 1000 mg Kalzium pro Tag. Ein Glas fettarmer Milch enthält 300 mg. Wenn Sie die oft empfohlenen drei Gläser fettarmer oder fettfreier Milch täglich trinken, brauchen Sie trotzdem zusätzlich Kalzium aus anderen Quellen wie Spinat, Broccoli, mineralangereichertem Orangensaft oder Tofu.

Weitere Empfehlungen, die generell die Gesundheit verbessern, das Gewicht zu kontrollieren helfen und sich positiv auf die psychische Verfassung auswirken, sind:

→   Sorgen Sie dafür, daß Ihr Blutzuckerspiegel während des ganzen Tages gleich bleibt. Dies können Sie erreichen, indem Sie frühstücken, keine Mahlzeiten auslassen und generell häufiger kleinere Portionen zu sich nehmen. Es gibt Belege dafür, daß der Verzehr von fünf bis sechs kleineren Mahlzeiten Ermüdungserscheinungen und Stimmungsschwankungen verringert und gleichzeitig hilft abzunehmen. »Mahlzeiten« können auch gesunde Snacks zum »zweiten Frühstück« und am Nachmittag sein, beispielsweise in Form eines halben Sandwichs, eines Joghurts, von Obst, Nüssen usw. Meiden Sie konzentrierte Süßigkeiten, weil deren Konsum stärkere Schwankungen des Blutzuckerspiegels nach sich zieht.

→   Variieren Sie die Art der Nahrungsmittelaufnahme zu einer bestimmten Tageszeit, so daß Sie einige der Kalorien, die Sie normalerweise zum großen Abendessen zu sich nehmen würden, zum Frühstück, zum Mittagessen oder als Zwischenmahlzeit essen.

→   Entscheiden Sie sich oft für Nahrungsmittel, deren Fettanteil unter 35 Prozent liegt. Um dies grob abschätzen zu können, müssen Sie den in Gramm ausgewiesenen Fettanteil mit 10 multiplizieren und das Ergebnis durch die Gesamtzahl der Kalorien teilen. Das Resultat sollte unter 35 Prozent liegen. Beispielsweise enthält ein Schokoriegel 250 Kalorien und 14 Gramm Fett. Somit lautet die Rechnung:

$$\frac{14 \text{ Gramm Fett mal } 10}{250 \text{ Kalorien}} = 56\%$$

Der Fettanteil in diesem Beispielfall ist ziemlich hoch. Auch Zucker erzeugt zunächst einen Energieschub, macht aber nach einer Stunde noch müder (ein rascher Spaziergang würde das Energieniveau ähnlich erhöhen, die Wirkung würde jedoch länger anhalten). Ähnliche Berechnungen für Vollkorngetreide, Kartoffeln und fast alle pflanzlichen Produkte (vor dem Hinzufügen von Butter oder Öl) zeigen, daß diese Nahrungsmittel deutlich gesünder sind. Fleisch kann zwar mehr als 35 Prozent Fett enthalten, aber wenn man es in Verbindung mit Gemüse ißt (wobei man das Fleisch z. B. in ein wenig Öl dünstet), wird der Gesamtanteil an Fett verringert.

→   Nehmen Sie täglich genügend Flüssigkeit zu sich, hauptsächlich in Form von Getränken. Als Faustregel können Sie sich merken, daß Sie pro Mahlzeit und jeweils einmal nach jeder Mahlzeit ein Glas ungesüßter Flüssigkeit trinken sollten. Außerdem sollten Sie oft Nahrungsmittel zu sich nehmen, die viel Flüssigkeit enthalten

(Obst, Gemüse, Suppen, gekochtes Getreide). Wenn der Urin farblos oder ganz leicht gelb ist, reicht Ihre Flüssigkeitsaufnahme wahrscheinlich aus.

→ Zur Sicherheit können Sie täglich ein Präparat zu sich nehmen, daß jeweils 100 Prozent der empfohlenen Tagesmenge der wichtigsten Vitamine und Mineralien enthält.

Sorgen Sie für Ihren Körper: Ein schriftlicher Plan

Schriftlich einen Plan zu verfassen und zu beschließen, sich an diesen zu halten, wirkt sehr motivierend. Bitte, stellen Sie einen Plan zusammen, den Sie wirklich ausführen können, und beginnen Sie in den nächsten beiden Wochen mit seiner Umsetzung. Sie werden ihn während ihrer gesamten Arbeit mit dem vorliegenden Buch und über diese Zeit hinaus benutzen. Deshalb ist es wichtig, einen Plan zu entwickeln, den Sie tatsächlich ausführen können. Es ist völlig in Ordnung, wenn Sie sich ein paar Tage Zeit lassen, um auf die Ziele, die Sie in Ihrem Plan benennen, hinzuarbeiten.

1. **Körpertraining** An den meisten Wochentagen; mindestens dreißig Minuten lang Aerobic-Übungen. Beschreiben Sie Ihren Plan:

2. **Schlaf** _____ Stunden pro Nacht (ein wenig mehr, als Sie zu brauchen glauben), und zwar von _____ (Zubettgehzeit) bis _____ (Aufstehzeit).

3. **Essen** Mindestens dreimal täglich, möglichst gesund. Stellen Sie mit Hilfe des Arbeitsblatts auf der folgenden Seite schriftlich einen Menüplan zusammen, und passen Sie diesen an Ihre Ernährungsziele und an die im folgenden beschriebenen Ernährungsrichtlinien an.

Beispiel-Menüplan: Die Mahlzeiten für eine Woche

Notieren Sie hier, was Sie jeden Tag essen und trinken und welche Mengen an Nahrung und Getränken Sie zu sich nehmen wollen.

	Mo	Di	Mi	Do	Fr	Sa	So
Frühstück							
zweites Frühstück							
Mittagessen							
Snack							
Abendessen							
Snack							

Ernährungsempfehlungen

Überprüfen Sie anhand dieser Tabelle, ob Ihr Menüplan für eine Woche den Empfehlungen für eine gesunde Ernährung entspricht:

1. Berücksichtigt Ihr Plan die erforderlichen Mindestportionen für die einzelnen Nahrungsmittelgruppen, so wie sie in der Tabelle angegeben werden? (Wenn Sie abzunehmen versuchen, können Sie die Zahl der Portionen in jeder Gruppe um jeweils eine verringern, allerdings mit Ausnahme der Gruppe der Milchprodukte, in der es bei drei Portionen bleibt.)

Gruppe	pro Tag erforderliche Portionen (bei insgesamt 2000 Kal. täglich)	1 Portion ist …	Kommentare
Früchte	**4** (oder insgesamt 0,5 l)	**0,13 l** 0,13 l entspricht: • 0,13 l frischem, gefrorenem oder konserviertem Obst • 1 Südfrucht • ca. 50 g Trockenfrüchte • 0,1 l Fruchtsaft	• Liefert Ballaststoffe, Energie, viele Vitamine, Minerale & wertvolle pflanzliche Stoffe, die das Risiko des Ausbruchs zahlreicher Krankheiten verringern (z. B. mindert Kalium die Bluthochdruckgefahr).
Gemüse	**5** (oder insgesamt 0,7 l)	**0,13 l** 0,13 l entspricht: • 0,13 l rohes oder gekochtes Gemüse • 0,25 l rohes Blattgemüse • 0,25 l Bohnen (schwarze B., Kichererbsen, Soya-B./Tofu, Linsen usw.). Bohnen entweder hier oder in der Fleischgruppe berücksichtigen, nicht in beiden Rubriken.	• Halten Sie nach farbenprächtigen Früchten und Gemüsesorten in den Regenbogenfarben Ausschau – in grün, rot, orange und gelb.
Getreide	**Äquivalent zu ca. 180 g**	**30 g** 30 g entsprechen: • 1 Scheibe Brot • 0,1–0,3 l trockene Zerealien (am Etikett orientieren) • 0,13 l gekochter Reis, Pasta, Getreide • 0,75 l Popcorn	Zumindest die Hälfte jeder Mahlzeit sollte aus *Vollkorngetreide* bestehen. Dies verringert die Gefahr einer Erkrankung des Herzens oder anderer Organe. Vollkorngetreide enthält viele Ballaststoffe und B-Vitamine, Antioxidanzien, Minerale und verschiedene Phytochemikalien. Vollkornprodukte sind Haferflocken, Weizen, Bulgur, geschälte Gerste, Popcorn, Quinoa, Naturreis.

fett-armes Fleisch & Hülsen-früchte	Äquivalent zu ca. 165 g	**30 g** 30 g entsprechen: • 30 g gekochter Fisch, Geflü-gel, fettarmes Fleisch • 1 Ei • 0,06 l gekochte Trockenboh-nen oder Soja/Tofu • 1 El Erdnußbutter • 15 g Nüsse oder Saaten	• An den meisten Tagen sollten Sie Nüsse, Saaten und/oder Hülsenfrüchte zu sich nehmen. • Zu den Hülsenfrüchten zählen alle gekochten Trockenboh-nen, Erbsen und Soja-Produkte (Pintobohnen, Gemüsebohnen, Linsen, Tofu usw.). • 15 g = 4,5 Walnüsse = 6,5 Ca-shew-Nüsse
Milch	3	**0,25 l** 0,25 l entspricht: • 0,25 l fettarmer oder fettfrei-er Milch oder Joghurt • 45 g fettarmer oder fettfreier unverarbeiteter Käse • 60 g fettarmer oder fettfreier verarbeiteter Käse	• Wichtigste Quelle für Kalzium, Kalium, Proteine, B-Vitamine und andere Vitamine und Mi-nerale.
Öle	Äquivalent zu 6 Tl	**1 Tl** 1 Tl entspricht: • 1 Tl pflanzliches Öl • 1 Tl Margarine • 1 El fettarme Mayonnaise • 1 El leichte Salatsoße	• Liefert die notwendigen Men-gen an ungesättigten Fettsäuren und Vitamin E. • Oliven- und Rapsöl sind beson-ders zu empfehlen. • Vermeiden Sie Transfette und hydrierte Fettsäuren, wie sie in industriell hergestellten Snacks, Backwaren, Backmischungen, fester Margarine und gebrate-nen Fast-food-Produkten ent-halten sind.

Quelle: USDA Dietary Guidelines for Americans 2005. Interaktive Informationen finden Sie unter www.mypyramid.gov.

2. Berücksichtigt Ihr Plan in ausreichendem Maße Abwechslung, damit Sie alle notwen-digen Nährstoffe erhalten? Variieren Sie Ihre Entscheidungen innerhalb der verschie-denen Nahrungsmittelgruppen? (Beispielsweise können Sie statt eines Apfels täglich auch gelegentlich Bananen oder Erdbeeren essen.)

3. Berücksichtigt Ihr Plan auch alle anderen hier aufgeführten Empfehlungen für eine gesunde Ernährung?

Eine anfängliche Verpflichtung für zwei Wochen

Notieren Sie zwei Wochen lang jeden Tag, ob und in welchem Maße Sie sich an Ihren Plan halten. Nehmen Sie in dieser Zeit eventuell notwendige Veränderungen vor, und halten Sie sich so lange, wie Sie mit diesem Buch arbeiten, weiter an den modifizierten Plan. Führen Sie irgendwann während der ersten beiden Wochen die Voreinschätzung und die Einschätzung Ihrer Reaktion durch, die auf den nächsten Seiten folgen. Wenden Sie sich erst nach Abschluß dieser drei Dinge Kapitel 3 zu.

Tagesprotokoll

Tag	Datum	trainiert (Minuten)	Zahl der Mahlzeiten	Schlaf		
				Stunden	Schlafenszeit	Aufstehzeit
1						
2						
3						
4						
5						
6						
8						
9						
10						
11						
12						
13						
14						

Voreinschätzung

Setzen Sie sich bequem hin, atmen Sie einige Male tief, entspannen Sie sich, und beantworten Sie folgende Fragen schriftlich.

1. Wie steht es im Moment um Ihr Selbstwertgefühl? Einige beantworten diese Frage einfach mit »schlecht«, »mittelmäßig«, »ausgezeichnet« oder einer Zahl auf einer Skala von 1 bis 10. Bei anderen sind die Antworten komplizierter. Beispielsweise könnten Sie angeben, daß Ihre Selbstachtung schwankt oder daß Ihnen, obwohl sie allmählich stärker wird, Fehler, die Ihnen unterlaufen oder einmal unterlaufen sind, sowie Erwartungen, die Sie selbst oder andere Menschen an Sie richten, immer noch zu schaffen machen. Wenn Sie sich dies ehrlich eingestehen, kann es zu einer Kraftquelle werden. Beobachten Sie einfach, wie es im Moment um Ihr Selbstwertgefühl steht, ohne sich wegen des aktuellen Zustandes zu verurteilen oder zu grübeln, was andere wohl über Sie denken mögen.

2. Wie hat Ihre Ursprungsfamilie auf Ihr Selbstwertgefühl eingewirkt – im Guten wie im Schlechten?

3. Was haben Sie zur Stärkung Ihrer Selbstachtung zu tun gelernt?

4. Weshalb – falls es so etwas gibt – könnten Sie als Mensch minderwertig sein?

5. Weshalb – falls es so etwas gibt – könnten Sie als Mensch anderen überlegen sein?

6. Veranschaulichen Sie mit Hilfe von Farbstiften, Kreide, Fingerfarben usw. Ihre Meinung über sich selbst auf einem separaten Blatt Papier. Es ist sehr aufschlußreich und fast von magischer Qualität, wenn Sie nonverbal ausdrücken, wie Sie sich selbst erleben.

Insbesondere die Antworten auf die Fragen 3, 4 und 5 können Ihnen zu Erkenntnissen darüber verhelfen, was letztendlich die Selbstachtung zu stärken vermag, auch wenn dies nicht auf die Art geschieht, wie die meisten Menschen sich dies vorstellen. Ist Ihnen schon aufgefallen, daß die gleichen Dinge, die der Selbstachtung zugute kommen, sie auch gefährden können? Wenn beispielsweise eine Gehaltserhöhung Ihr Selbstwertgefühl stärkt, bewirkt dann ein Fehlschlag Ihres Bemühens, Ihre finanzielle Situation zu verbessern, eine Schwächung der Selbstachtung? Und wenn Sie sich aufgrund eines Kompliments überlegen *fühlen*, bewirkt Kritik dann das Gegenteil? Wenn Liebe die Selbstachtung stärkt, wird sie dann durch eine nicht gut funktionierende Beziehung zerstört?

Viele sind der Auffassung, daß unser Wert auf dem, was wir tun, basiert – auf unseren Fertigkeiten, Talenten, Charakterzügen oder darauf, wie sehr andere Menschen uns akzeptieren. Zwar sind alle diese Dinge von Wert, aber nach meiner Auffassung eignet sich nichts davon als erster Schritt zur Stärkung des Selbstwertgefühls. Doch worauf basiert das Gefühl eines Menschen, etwas wert zu sein?

Einschätzung Ihrer Reaktion

»Ich will keineswegs den Eindruck erwecken, daß Produktivität falsch ist oder daß man Bedürfnisse geringschätzen sollte. Im Gegenteil, Produktivität und Erfolg können unser Leben sehr bereichern. Doch wenn unser Wert als Menschen davon abhängt, was wir mit unseren Händen und unserem Geist tun, fallen wir den in unserer Welt gängigen Taktiken zur Weckung von Ängsten zum Opfer. Wenn wir Selbstzweifel vorzugsweise durch verstärkte Produktivität zu überwinden versuchen, sind wir extrem anfällig für Zurückweisung und Kritik und werden leicht zu Opfern von Angst oder Depression. Unsere Produktivität kann uns nie zu jenem tiefen Gefühl der Zugehörigkeit verhelfen, nach dem wir uns sehnen. Je produktiver wir sind, um so stärker wird uns klar, daß Erfolge und Resultate uns nicht zu dem Erlebnis, »zu Hause zu sein«, zu verhelfen vermögen. Vielmehr offenbart unsere Produktivität uns oft, daß wir von unserer Angst getrieben werden. In diesem Sinne sind Sterilität und Produktivität ein und dasselbe: Beide können darauf hinweisen, daß wir unsere Fähigkeit, ein fruchtbringendes Leben zu führen, anzweifeln« (Nouwen 1986).

Was beinhaltet dieses Zitat nach Ihrer Auffassung? Beantworten Sie diese Frage in vier vollständigen Sätzen.

1. _____

_____

_____

2. _____

_____

_____

3. _____

_____

_____

4. _____

_____

_____

Wenn Nouwens Auffassung zutrifft, daß menschlicher Wert und psychisches Wohlbefinden kein Resultat von Produktivität sind, *was* fördert dann nach Ihrer Auffassung das Gefühl des Menschen, etwas wert zu sein, und sein Wohlbefinden? Ist es möglich, dies zu lehren und zu erlernen? Wie würden Sie es einem Kind beibringen?

Nouwen fährt fort:

»Als ich mit Jean Vanier und seinen Behinderten zusammenlebte, wurde mir klar, wie erfolgsorientiert ich bin. Mit Männern und Frauen zusammenzuleben, die nicht in der Lage sind, in der Leistungsgesellschaft, in der Wirtschaft, im Sport oder in der Wissenschaft »mitzuhalten«, und für die Sich-Ankleiden, Gehen, Sprechen, Essen, Trinken und Spielen die wichtigsten »Erfolge« sind, empfinde ich als äußerst frustrierend. Vielleicht bin ich rein theoretisch zu der Erkenntnis gelangt, daß Sein wichtiger ist als Tun, doch wenn ich aufgefordert werde, einfach mit Menschen zusammen zu sein, die nur sehr wenig tun können, wird mir klar, wie weit ich noch von der Realisation jener Erkenntnis entfernt bin. So sind die Behinderten zu meinen Lehrern geworden, die mir auf vielfältige Weisen sagen, daß Produktivität etwas anderes ist als Fruchtbarkeit. Einige von uns mögen produktiv sein, andere nicht, doch wir alle sind dazu berufen, Früchte hervorzubringen; Fruchtbarkeit ist eine echte Qualität der Liebe.«

Glauben Sie, daß es Behinderungen gibt, die schlimmer sind als körperliche?

Wenn Sie (geistig, körperlich oder emotional) behindert wären, welche Art von geistiger Haltung könnte Sie dann vor einer Geisteskrankheit bewahren?

3

Selbstachtung und wie sie entsteht

Wie entsteht Selbstachtung? Aufgrund vorliegender Forschungsergebnisse läßt sich das ziemlich eindeutig sagen. Einem starken Selbstwertgefühl ist es sehr förderlich, sich die eigenen Eltern gut auszusuchen. Kinder mit einem starken Selbstwertgefühl haben in der Regel Eltern, die ihnen durch ihr Vorbild Selbstachtung nahebringen. Solche Eltern verhalten sich den Kindern gegenüber stets liebevoll, zeigen Interesse am Leben ihrer Kinder und an ihren Freunden, schenken ihnen Zeit und ermutigen sie. Das erinnert mich an jenen Mann, der zu seinem Nachbarn sagte: »Warum haben Sie den ganzen Tag damit zugebracht, zusammen mit Ihrem Sohn dessen Fahrrad zu reparieren, obwohl die Reparatur im Fahrradgeschäft in einer Stunde hätte erledigt werden können?« Der Nachbar antwortete: »Weil ich kein Fahrrad repariere, sondern einen Sohn aufziehe.«

Eltern von Kindern mit einem starken Selbstwertgefühl haben hohe Maßstäbe und Erwartungen, die jedoch klar, vernünftig und in sich stimmig sind. Außerdem werden sie in Verbindung mit Unterstützung und Ermutigung vermittelt. Disziplinierung erfolgt in solchen Familien nach demokratischen Prinzipien, was bedeutet, daß die Meinungen der Kinder und ihre Individualität respektiert werden, wobei die Eltern allerdings in wichtigen Fragen die letzte Entscheidungshoheit für sich beanspruchen.

Solche Eltern übermitteln ihren Kindern die Botschaft: »Ich vertraue dir, aber andererseits ist mir klar, daß du nicht vollkommen bist. Trotzdem liebe ich dich, und deshalb werde ich mir Zeit nehmen, um dir beim Lernen zu helfen, dir Grenzen zu setzen und dir Disziplin beizubringen. Ich erwarte das Beste von dir, weil ich an dich glaube und dich schätze.« Diese Botschaften unterscheiden sich deutlich von dem Mißtrauen, das autoritäre Eltern ihren Kindern vermitteln, oder von der mangelnden Fürsorglichkeit von Eltern, die ihren Kindern alles durchgehen lassen.

Das Selbstwertgefühl einiger Menschen, die solche positiven Einflüsse seitens ihrer Eltern nie genossen haben, ist trotzdem erstaunlich stark. Wie ist das ohne die beschriebenen positiven elterlichen Einflüsse möglich? Die meisten Menschen nehmen an, unser

Gefühl, etwas wert zu sein, basiere auf unserer Tätigkeit, unseren Fertigkeiten, Charaktereigenschaften, Talenten oder auf der Tatsache, daß wir von anderen akzeptiert werden. Deshalb möchte ich noch einmal darauf hinweisen, daß nichts von alldem ein guter Ausgangspunkt für die Stärkung des Selbstwertgefühls ist. Doch wo sollen wir dann mit dieser Arbeit anfangen? Untersuchen wir zunächst einmal, was Selbstachtung ist.

Was ist Selbstachtung?

Grundsätzlich ist die Selbstachtung im allgemeinen stabil, aber sie kann auch fluktuieren, sogar von einem Tag zum anderen, und zwar im Einklang mit den jeweils aktuellen Denkmustern, die unter anderem durch die körperliche Gesundheit, biochemische Faktoren, die äußere Erscheinung und Beziehungen beeinflußt werden. Das Fluktuieren der Selbstachtung ist ein Grund zum Optimismus, weil es zeigt, daß sie sich verändern kann.

Die Definition der Selbstachtung ist für die Reise, auf die wir uns in diesem Buch begeben, von zentraler Bedeutung. *Selbstachtung* ist eine realistische, verständnisvolle Sicht unserer selbst. *Realistisch* ist hier gleichbedeutend mit zutreffend und ehrlich. *Verständnisvoll* beinhaltet positive Gefühle und »Mögen«. Einige sprechen von einer starken oder schwachen Selbstachtung, doch diese Attribute lassen die Selbstachtung wie eine Zahlenlotterie erscheinen. In ihnen schwingen Konkurrenzgedanken und Vergleichstendenzen mit. Für besser halte ich es, einfach zu sagen, daß Menschen über Selbstachtung verfügen, wenn sie eine realistische und verständnisvolle Selbstsicht haben. Das folgende Diagramm veranschaulicht die Bedeutung der Selbstachtung. Sie liegt genau in der Mitte zwischen *selbstschädigender Scham* und *selbstschädigendem Stolz.*

selbstschädigende Scham	Selbstachtung	selbstschädigender Stolz

Menschen mit *selbstschädigendem Stolz* versuchen, mehr als nur Menschen zu sein. Sie sind arrogant und narzißtisch und halten sich als Menschen für besser und wichtiger als andere. Ihre Sicht anderer ist vertikal oder komparativ orientiert: Wenn sie oben sind, müssen andere unter ihnen stehen. Selbstschädigender Stolz basiert häufig auf Unsicherheit. Aus den Lebensgeschichten berühmter Diktatoren geht häufig hervor, daß diese Menschen völlig auf jene elterliche Vorbildfunktion verzichten mußten, mit der wir uns weiter oben beschäftigt haben.

Menschen mit *selbstschädigender Scham* oder *selbstschädigender Bescheidenheit* glauben, sie seien weniger als Menschen. Sie betrachten andere Menschen generell aus einer vertikalen Perspektive und halten sich für den Abschaum der Welt. Ihre Selbstsicht ist unrealistisch und nicht von Anerkennung ihrer eigenen Person geprägt.

Im Gegensatz dazu glauben Menschen, die über Selbstachtung verfügen, daß sie weder

Über- noch Untermenschen sind. Sie kennen ihre Fehler und Mängel und freuen sich trotzdem zutiefst darüber, die zu sein, die sie sind (Briggs 1977). Sie gleichen dem guten Freund, der Sie gut kennt und Sie ohne jede Einschränkung mag, weil er Ihren guten Kern, Ihre Vorzüge und Ihr Potential kennt, die in jedem Fall ebenso existieren wie Ihre Unvollkommenheiten. Menschen mit intakter Selbstachtung sehen andere als ihnen gleich an, als auf der gleichen Ebene wie sie stehend.

Konzepte, die mit dem Begriff der Selbstachtung verwandt sind

Die Selbstachtung wird oft ignoriert, weil dieser Begriff und ihm ähnliche Konzepte vielen Menschen als verwirrend und kompliziert erscheinen. Wir werden nun versuchen, einen Teil dieser Verwirrung zu beheben, indem wir mit der Selbstachtung verwandte Konzepte beschreiben.

Identität

Identität ist die Antwort auf die Fragen »Wer bin ich? Was macht mich und meine Essenz aus?« Identität vermittelt ein Gefühl der eigenen Person und der eigenen Individualität (z. B. kann eine Ehefrau ihre Identität ausschließlich aus ihrer Rolle als Frau herleiten und ein Querschnittsgelähmter die seine von seinem wahren oder essentiellen Selbst statt von seinem geschädigten Körper.)

Wertschätzen

Gut über etwas denken, es schätzen und sich daran erfreuen; die Qualität oder den Wert eines Menschen oder eines Objekts angemessen einschätzen.

Akzeptieren

Wohlwollend und mit Freuden aufnehmen (d. h., sich zu eigen machen); anerkennen; glauben an; günstig und freudig auf etwas reagieren. Man ist bereit, die eigenen Schwächen in angemessener Weise anzuerkennen, ist entschlossen, den eigenen Zustand zu verbessern, und akzeptiert sich trotzdem so, wie man ist. Der innere Dialog eines solchen Menschen könnte wie folgt verlaufen: »Ich erkenne an, daß ich Fehler und Mängel habe. Ich liebe mich, wenn auch nicht unbedingt alle meine Verhaltensweisen. Wenn es mir gelingt, mein Verhalten zum Positiven zu verändern, kann ich mich bezüglich meiner selbst *und* meines Verhaltens gut fühlen.

Selbstvertrauen

Dieser Begriff bezieht sich gewöhnlich auf den Glauben an die eigenen Fähigkeiten und ist verwandt mit den Begriffen Kompetenz und Selbstwirksamkeit. Wenn die Kompetenz eines Menschen sich entwickelt, wird auch sein Selbstvertrauen stärker. Im umfassenderen und tieferen Sinne ist *Selbstvertrauen* der Glaube eines Menschen an sich selbst als Person, aus dem letztlich das generelle Gefühl »Ich kann es schaffen« resultiert. Menschen mit einem starken Selbstvertrauen könnten zu sich selbst sagen: »Wenn jeder praktisch alles tun kann – sofern er über die dazu erforderliche Zeit, Übung, Erfahrung, Ressourcen usw. verfügt, warum sollte ich es dann *nicht* können? Vielleicht habe ich nicht umfassend oder schnell Erfolg, aber die Richtung, die ich einschlagen und verfolgen kann, ist in jedem Fall positiv.« Kompetenz zu demonstrieren ist befriedigend, doch dies ist ein Nebenprodukt von Selbstachtung, nicht um eine Möglichkeit, Selbstachtung erst zu erzeugen.

Kompetenz und Vertrauen stehen in engem Zusammenhang mit Selbstachtung, verursachen letztere aber nicht. Wenn wir aufgrund von Kompetenz und Erfolgen das Gefühl entwickeln, etwas wert zu sein, bleibt uns im Falle des Fehlschlagens unserer Bemühungen keinerlei Wert.

Stolz

Der englische Priester Charles Caleb Colton (1780–1832) hat geschrieben: »Stolz läßt einige Menschen als lächerlich erscheinen, verhindert aber auch, daß andere sich lächerlich machen.« Stolz hat ebenso wie die Selbstachtung zwei Seiten: eine selbstschädigende und eine positive oder gesunde.

Wie bereits erwähnt wurde, ist *selbstschädigender Stolz* die Einstellung, daß man überlegen, wertvoller als andere Menschen oder als Person wichtiger als andere ist. Stolze Menschen sehen sich auch als begabter, selbständiger oder sogar unfehlbarer an, als sie tatsächlich sind. Synonyme für selbstschädigenden Stolz sind unter anderem Hochmut, Arroganz, Eingebildetheit, Anmaßung (das Bemühen, andere zu beeindrucken), Eitelkeit (ein übermäßig starkes Verlangen oder Bedürfnis, bewundert zu werden), Narzißmus (z.B. in Form von Egoismus, Größenwahn, Hang zur Ausbeutung anderer). Selbstschädigender Stolz wurzelt gewöhnlich in Angst (beispielsweise in der Furcht, verletzbar zu sein) oder in dem Bedürfnis, sich zu verteidigen.

Gesunder Stolz beinhaltet eine realistische Einschätzung der eigenen Würde oder des eigenen Wertes, Selbstachtung, Dankbarkeit für die eigenen Erfolge, Talente und Leistungen oder für die Zugehörigkeit zu einer Familie, einer Rasse usw. und Freude an alldem.

Demut

Auch Demut hat zwei Seiten: eine selbstschädigende und eine gesunde. *Selbstschädigende Demut* beinhaltet einen bedauerlichen Mangel an Selbstachtung (z.B. wenn jemand sich als »Abschaum« bezeichnet), absolute Unterwürfigkeit und sich selbst verächtlich zu machen.

Gesunde Demut hingegen beinhaltet das Fehlen von selbstschädigendem Stolz, das Erkennen der eigenen Unvollkommenheiten oder Schwächen, das Bewußtsein der eigenen Mängel und Unkenntnisse sowie Lernbereitschaft. Weiterhin geht gesunde Demut mit der Erkenntnis einher, daß alle Menschen von gleichem Wert sind. Sie ist durch (im positiven Sinne) bescheidenes Auftreten gekennzeichnet, wofür Sanftheit, Geduld und ein ruhiges Wesen kennzeichnend sind.

Gesunde Demut und gesunder Stolz existieren in einem Menschen, der über Selbstachtung verfügt, harmonisch nebeneinander: Der Betreffende ist demütig, weil ihm klar ist, wieviel er noch lernen muß; und er ist stolz, weil ihm die Würde und der Wert bewußt sind, die wir mit allen anderen Menschen gemeinsam haben.

In der folgenden amüsanten Geschichte (De Mello 1990) geht es um einen Menschen, dem es an gesunder Demut mangelt:

Ein Guru riet einem seiner Schüler: »Gehe hinaus in den Regen, und erhebe deine Arme. So wirst du zur Erkenntnis gelangen.«

Am folgenden Tag berichtete der Schüler dem Guru: »Als ich deinem Rat folgte, floß Wasser über meinen Nacken. Ich fühlte mich wie ein völliger Idiot.«

»Für den ersten Tag ist das eine beachtliche Erkenntnis«, antwortete der Guru.

Eigensucht

Manchmal werden Eigennutz und Selbstachtung irrigerweise gleichgesetzt. Deshalb soll an dieser Stelle auf ein wichtiges Prinzip hingewiesen werden: Sinn und Zweck der Selbstachtung ist, das Selbst zu überwinden. Befangenheit ist ein leidvoller Zustand, der uns dazu bringt, unsere Aufmerksamkeit nach innen zu konzentrieren. Wenn wir den Schmerz mit Liebe heilen, können wir unsere Aufmerksamkeit nach außen richten, was uns ermöglicht, andere zu lieben und das Leben zu genießen. Bei Menschen mit intakter Selbstachtung entspringt die Liebe einer sicheren Basis und beruht auf freier Entscheidung (im Gegensatz beispielsweise zu Co-Abhängigen, die weder ein starkes Selbstwertgefühl noch Entscheidungsfreiheit in der Gestaltung ihrer Beziehungen haben). Deshalb rechtfertigt die Stärkung der Selbstachtung unsere intensivsten Bemühungen.

Kosten-Nutzen-Analyse

Einige Menschen entwickeln ihre Selbstachtung nicht, weil sie nicht wissen, wie sie das machen könnten. Andere hingegen weigern sich, dies zu tun – man mag es glauben oder nicht –, weil Selbstantipathie gewisse Vorteile für sie hat. Bevor wir an der Entwicklung der Selbstachtung zu arbeiten beginnen, werden wir tun, was ein guter Manager tut, bevor er über die Umsetzung eines neuen Plans nachdenkt: eine Kosten-Nutzen-Analyse erstellen. Sammeln Sie in einer Liste zunächst alle Vorteile von Selbstantipathie, die Ihnen einfallen. Stellen Sie anschließend eine entsprechende Liste aller Nachteile dieser Haltung zusammen. Es folgen einige Beispiele, und im Anschluß daran haben Sie die Möglichkeit, Ihre eigenen entsprechenden Punkte einzutragen.

Beispiele für Vorteile von Selbstantipathie

→ Keine Experimente! Ich erwarte weder selbst etwas von mir, noch tun andere dies. Deshalb kann ich es sachte angehen lassen und mir so niedrige Ziele stecken, daß ich weder mich selbst noch andere jemals zu enttäuschen brauche.

→ Es ist völlig voraussehbar, was in der Welt geschieht. Ich verstehe, daß andere Menschen mich nicht akzeptieren, denn ich akzeptiere mich auch nicht. Das bedeutet, daß ich mich erst gar nicht anzustrengen brauche.

→ Manchmal wecke ich Mitleid und ziehe die Aufmerksamkeit anderer auf mich, zumindest am Anfang.

→ Selbstantipathie ist in meiner Familie normal. Wenn ich mich an diesem Muster orientiere, habe ich das Gefühl, dazuzugehören.

→ Selbstantipathie bewahrt mich davor, schädlichen Stolz zu entwickeln.

→ Selbstantipathie rechtfertigt, daß ich meine Äußeres vernachlässige und mich schlecht kleide.

Beispiele für die Nachteile von Selbstantipathie

→ Sie verursacht große Schmerzen.

→ Mit ihr zu leben macht keine Freude.

→ Sie ruft psychosomatische Symptome und Krankheiten hervor.

→ Sie erzeugt einen Teufelskreis: Weil ich mich geringschätze, gebe ich mir keine Mühe, weshalb mich auch andere Menschen nicht gut behandeln. Sie verstehen meinen Pessimismus und meine Apathie als Indizien für meine Unfähigkeit. Und daß sie mich schlecht behandeln, bestärkt meine eigene schlechte Meinung über mich selbst.

Ihre persönlichen Ansichten über die Vor- und Nachteile von Selbstantipathie

Vorteile	Nachteile
(Positive Aspekte der Selbst-Antipathie sind …)	(Negative Aspekte der Selbst-Antipathie sind …)

Vorteile emotionaler Veränderung

Diese Analyse wirft einige sehr wichtige Fragen auf. Letztendlich geht es natürlich um die Frage: Ist Selbstantipathie für mich problematisch wegen ihrer eventuellen emotionalen, physischen oder sozialen Kosten? Weitere Fragen sind: Habe ich Möglichkeiten, meine Selbstachtung zu stärken, ohne daß meine Bedürfnisse nach Aufmerksamkeit, Hilfe, Sicherheit usw. zu kurz kommen? Bin ich bereit in Kauf zu nehmen, daß ich auf einige Vorteile von Selbstantipathie verzichten muß, um die Vorteile der Selbstachtung genießen zu können? Fortschritte treten wahrscheinlich ein, sobald man sich entscheidet, sich über die Kosten des Wachstums Klarheit zu verschaffen und diesen Preis dann zu zahlen.

Einige empfinden es als nützlich, sich zunächst »auf Probe« auf eine Veränderung einzulassen, bevor sie ernsthaft mit der Veränderungsarbeit beginnen. Versuchen Sie, folgende Frage zu beantworten: Welche positiven Folgen hätte es, wenn ich eine realistische und von Selbstwertschätzung geprägte Einstellung zu mir selbst hätte?

Einige Beispielantworten lauten:

→ Ich wäre dann weniger anfällig für Beeinflussungs- und Überredungsversuche.

→ Mein Handeln würde in geringerem Maße von Ängsten bestimmt.

→ Ich wäre in stärkerem Maße von Freude und persönlicher Zufriedenheit motiviert.

→ Ich wäre glücklicher.

→ Ich würde mehr ausprobieren / riskieren.

→ Ich wäre meinen »Ecken und Kanten« gegenüber gelassener und eher bereit, an ihnen zu arbeiten.

→ Ich wäre glücklicher in meinen Beziehungen, und die Gefahr, daß ich mich an Partner klammere, die es nicht wert sind, zu ihnen eine Beziehung zu unterhalten, wäre geringer.

→ Ich würde mich wohler dabei fühlen, meine Gefühle zum Ausdruck zu bringen.

→ Ich wäre weniger egoistisch und weniger darum bemüht, mich zu schützen.

→ Ich würde mich selbst und meine Handlungen, falls etwas schiefginge, weniger stark in Frage stellen.

→ Ich würde mir weniger Sorgen machen.

→ Ich würde mit höherer Wahrscheinlichkeit respektiert und gut behandelt.

→ Ich würde als attraktiver angesehen.

→ Ich würde mein Leben mehr genießen.

→ Ich würde bessere, objektivere Entscheidungen treffen.

→ Ich würde mich als die Person, die ich nun einmal bin, gemocht fühlen, und nicht als irgendeine Phantasiepersönlichkeit, die zu sein ich mir wünsche.

Schreiben Sie nun Ihre eigenen Antworten auf:

Wie man die Selbstachtung stärkt

Wenn man die Selbstachtung verändern will, muß man sich zunächst klarmachen, auf welchen Faktoren sie basiert. Selbstachtung basiert auf drei aufeinander aufbauenden und nacheinander wirksam werdenden Faktoren: (1) bedingungslosem Wert als Mensch, (2) Liebe und (3) Wachsen.

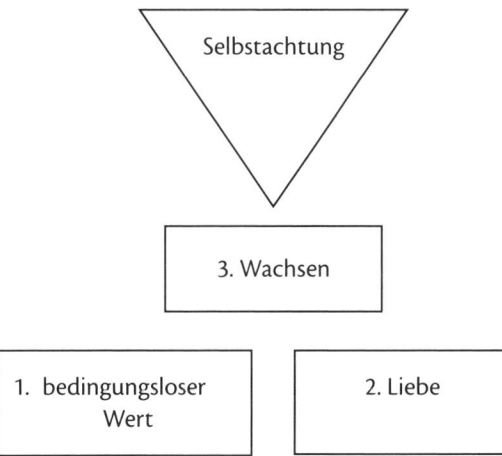

DIE GRUNDLAGEN DER SELBSTACHTUNG

Obwohl alle drei genannten Faktoren für die Entwicklung der Selbstachtung wichtig sind, ist die *Reihenfolge*, in der sie zum Zuge kommen, entscheidend. Selbstachtung basiert zunächst auf bedingungslosem Wert, dann auf Liebe und schließlich auf Wachsen. Mit »Wachsen« (oder »Erblühen«) ist gemeint, daß ein Mensch sich in die Richtung bewegt, in die er sich bewegen will. Leider sind viele Menschen frustriert, weil sie mit dem Wachsen beginnen und darüber die beiden vorher wichtigen Faktoren, bedingungsloser Wert und Liebe, vernachlässigen. Ohne sichere Basis gerät die Selbstachtung leicht ins Wanken. Man kann diesen Prozeß also nicht abkürzen.

Das vorliegende Buch beschäftigt sich in seinem weiteren Verlauf nacheinander mit der Entwicklung der Fertigkeiten, die zur Meisterung der für die Selbstachtung essentiellen Faktoren erforderlich sind: In dem als »Faktor I« bezeichneten Abschnitt von Teil II geht es um den bedingungslosen menschlichen Wert, Faktor II befaßt sich mit der Rolle der Liebe, und Faktor III konzentriert sich auf das Wachsen.

Teil II

Faktor I
Die Realität des bedingungslosen Wertes von Menschen

4

Die Grundlagen des menschlichen Wertes

Bedingungsloser menschlicher Wert bedeutet, daß Sie als Mensch wichtig und wertvoll sind, weil Ihr essentielles Selbst einzigartig, kostbar, von unendlichem, ewigem und unveränderlichem Wert und gut ist. Bedingungsloser menschlicher Wert beinhaltet, daß Sie ebenso kostbar wie jeder andere Mensch sind.

Howards Gesetze des menschlichen Wertes

Was bedingungsloser menschlicher Wert ist, hat Claudia A. Howard (1992) wundervoll in Form von fünf Axiomen beschrieben, die ich persönlich »Howards Gesetze« nenne.

1. Alle Menschen haben *als Personen* unbegrenzten, inneren, ewigen und bedingungslosen Wert.

2. Alle Menschen sind als Menschen gleichwertig. Der Wert verschiedener Menschen läßt sich weder vergleichen, noch unterliegt er irgendeiner Form von Konkurrenzkampf. Sie mögen zwar in sportlicher, akademischer oder geschäftlicher Hinsicht besser sein als ich, und im Gegensatz dazu mögen meine sozialen Fertigkeiten besser entwickelt sein, doch als Menschen haben wir beide den gleichen Wert.

3. Äußerlichkeiten vermehren und verringern den menschlichen Wert nicht. Zu den Äußerlichkeiten zählen Dinge wie Geld, Aussehen, Leistungsfähigkeit und Erfolge. Diese Faktoren erhöhen lediglich den Marktwert oder den sozialen Wert von Menschen. Hingegen ist der Wert eines Menschen als Person unbegrenzt und unveränderlich.

4. Wert ist beständig und nie gefährdet (auch nicht, wenn jemand Sie zurückweist).

5. Wert braucht nicht verdient oder unter Beweis gestellt zu werden. Er existiert ohnehin. Sie brauchen ihn nur zu erkennen, zu akzeptieren und zu würdigen.

Das Kern-Selbst

Der menschliche *Kern*, der auch als essentielles, spirituelles Selbst bezeichnet wird, gleicht einem geschliffenen Bergkristall, dessen Facetten wunderschön das Sonnenlicht reflektieren.

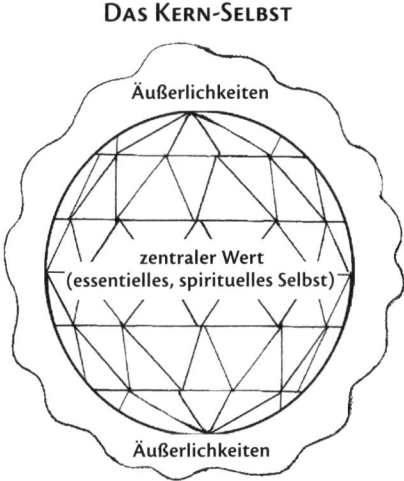

Einem neugeborenen Baby ähnlich, ist der Kern in seinem Wesen richtig und ganz – vollständig, aber nicht vollendet. *Vollendet* bedeutet »völlig entwickelt und abgeschlossen. Jeder Mensch ist insofern *vollständig*, als er über die Anlagen für jede Eigenschaft verfügt, die alle anderen Menschen auch haben – jede erforderliche Eigenschaft. Der Kern ist wunderschön, liebenswert und mit einem großen Potential ausgestattet. Die innere Qualität des Kern-Selbst veranschaulicht die folgende Anekdote, die George Durrant (1980), ein gütiger und liebevoller Lehrer, erzählt hat.

> Ein Mann spielte mit seinen beiden Söhnen Ringen, und als er müde wurde, ließ er sich auf den Boden fallen und stellte sich tot. Das ist eine Möglichkeit, in solchen Situationen Ruhe zu bekommen. Die kleinen Jungen machten sich große Sorgen, doch der etwas Ältere hob ein Augenlid des Vaters an und sagte dann zu seinem kleineren Bruder: »Er ist noch da *drin.*«

»Da drin« ist das Kern-Selbst. Im Laufe der Zeit wird der Kern von Äußerlichkeiten umgeben. Sie können ihn wie ein Schmutzfilm verbergen oder wie ein Heiligenschein erhellen und sein Licht erkennbar und erlebbar machen. Fehler oder Kritik können den Kern verbergen und es Menschen erschweren, ihren eigenen Wert zu erkennen und zu erleben. Die Liebe anderer Menschen hilft uns, unseren Wert zu spüren. Ein Talent zum Besten anderer zu nutzen ist eine Möglichkeit, dem eigenen Wert Ausdruck zu verleihen. Dadurch wird die Art, wie der Wert erlebt wird, verändert, nicht aber der Wert selbst.

Einige bemühen sich ihr Leben lang um einen guten äußeren Eindruck, um ihre innere Scham oder ihr Gefühl der eigenen Wertlosigkeit zu verbergen. Wenn wir jedoch versuchen, unser inneres Gefühl der Leere mit Hilfe von Äußerlichkeiten zu überdecken, finden wir in unserem Leben keine Erfüllung. Wir bemühen uns unablässig um Anerkennung und werden vielleicht sogar zynisch. Psychiater erleben es erstaunlich häufig, daß Patienten sie fragen: »Herr Doktor, ich bin doch erfolgreich; warum bin ich nur unglücklich?«

Man kann sich den eigenen inneren Wert nicht durch persönliche Leistungen oder durch irgendwelche Äußerlichkeiten verdienen. Dieser Wert existiert nämlich bereits. Schauen Sie sich die folgende Liste von Äußerlichkeiten genau an.

Der persönliche Wert ist von Äußerlichkeiten unabhängig

Energieniveau

äußere Erscheinung

Stärke

Intelligenz

Schulbildung

Geschlecht

rassische/ethnische Zugehörigkeit

Hautfarbe

akademische Erfolge/Titel

Fertigkeiten

Freundlichkeit

Talente

kreative Fähigkeiten

Handicaps

materielle Vorteile

Reichtum

Fehler

Benehmen

Entscheidungen

Position/Status

körperliche Fitneß

Manieren

Sach- und Wertpapiervermögen

Stimme

Kleidung

Auto

Spiritualität

kirchliche Aktivität

Verdienste

besondere Gaben

Ansehen der Familie

elterlicher Status oder Charakter

Persönlichkeitszüge

Familienstatus

Rendezvous

Macht

im Recht sein

ökonomische Situation/Vermögenswert

Unerfahrenheit

Aktuelles Niveau der Funtionsfähigkeit

Einstellungen

tägliche Selbsteinschätzungen

Leistung

Hygiene/allgemeine Sauberkeit

Krankheit/Gesundheit

Produktivität

Resilienz

Selbstvertrauen

Einfluß auf Ereignisse

Egoismus oder Selbstlosigkeit

Gefühle

Vergleiche	Urteile anderer
Sportliche Leistungen, Gehaltsklasse	Wie viele Menschen mögen Sie?
	durch andere anerkannt und akzeptiert werden
	Wie behandeln andere Sie?

Ilustrative Beispiele

Ein Mensch mit starkem Selbstwertgefühl nimmt das Kern-Selbst wahr und schätzt es. Solche Menschen sehen Mängel als Phänomene außerhalb des Kerns, denen man Aufmerksamkeit schenken und die man beheben muß, indem man an ihnen arbeitet und sie nährt, oder sie akzeptiert, wenn sie sich nicht verändern lassen. Die folgenden Beispiele veranschulichen die Idee des zentralen, nicht an äußere Bedingungen geknüpften Wertes.

Ein lebensfroher Junge

Das Beispiel eines Jungen im Rollstuhl macht mir Mut. Er erklärte mir ganz sachlich: »Ein Tumor hat den Nerv beschädigt, der meinen Beinen sagt, was sie tun sollen.« Offenbar wußte dieser Junge seinen zentralen inneren Wert von Äußerlichkeiten zu unterscheiden.

Ein ehemaliger Student

Ein anderer Mensch, der tiefe innere Freude ausstrahlt, ist Ken Kirk, einer meiner ehemaligen Studenten. Er schrieb folgendes Gedicht:

If I Could Be

Wenn ich ein Baum sein könnte, würde ich
der ganzen Menschheit Schatten spenden.

Wenn ich das Meer sein könnte, würde ich
ruhig sein, damit alle Menschen reisen könnten.

Wenn ich die Sonne sein könnte, würde ich
allen Lebewesen Wärme schenken.

Wenn ich der Wind sein könnte, wäre ich
eine kühle Brise an einem heißen Sommertag.

Wenn ich der Regen sein könnte, würde ich
die Fruchtbarkeit der Erde erhalten.

Doch wenn ich eines dieser Dinge wäre,
würde ich alles andere versäumen. Deshalb gilt:
Wenn ich irgend etwas sein könnte,
dann wäre ich nichts weiter als ich.

— KEN KIRK, Student

Der Staat Virginia

Im Staat Virginia gibt es einige wunderschöne Bed-and-Breakfast-Pensionen. Als ich einmal in einer davon wohnte, fiel mir eine alte hölzerne Ente auf. Sie war groß, einfach, nicht bemalt, möglicherweise von einem Farmer der Kolonialzeit geschnitzt und verlieh dem schlichten, anheimelnden Raum eine gewisse einfache Vornehmheit. In der Nähe des Kamins befand sich ein großer Holzscheit, worüber ich sehr froh war, denn die Nacht war recht frisch. Ich frage meine Studenten, was in dieser Situation von größerem Wert gewesen sei: die hölzerne Ente oder der Holzscheit? Eine Frau antwortete nachdenklich: »Ihr Wert ist gleich. Sie sind nur unterschiedlich.«

Mit den Augen einer Lehrerin betrachtet

Eine Freundin von mir, eine Lehrerin, befand sich mit ihren Schülern in einem Bus. Der Bus wurde von einem anderen Bus gestreift, wodurch einige Mitreisende verletzt wurden. Später reflektierte sie: »Nach dem Unfall, als ich beobachtete, wie die Kinder umherliefen, die Dinge in die Hand nahmen und sich um einander kümmerten, konnte ich ihren Wert deutlich erkennen.« Ereignisse können uns helfen, den Wert von Menschen zu *sehen*, aber sie fügen dem essentiellen Wert weder etwas hinzu, noch verringern sie ihn.

Den essentiellen Wert von Äußerlichkeiten trennen

Dies ist das Ziel: Den essentiellen Wert von den Äußerlichkeiten zu trennen.

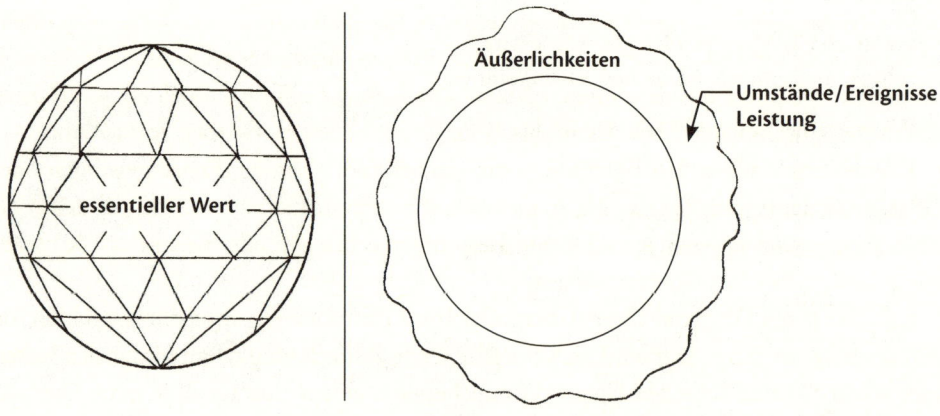

Abdruck mit Genehmigung von Claudia A. Howard, Individual Potential Seminars; gilt auch für die nächsten beiden Diagramme.

Den essentiellen Wert vom Äußerlichen zu trennen kann in der heutigen Welt schwierig sein. Die heutigen Fernsehprogramme können nachdrücklich den Eindruck vermitteln, daß Menschen nichts wert sind, es sei denn, sie sind jung, wagemutig, schön oder reich. Das heutige schnelle Leben in den Städten vermittelt die Botschaft, daß man über viel Macht verfügen und sehr erfolgreich sein muß, um jemand zu sein. Verstärkt man die heute verbreitete ethische Einstellung zum Extrem, kann man zu der Überzeugung gelangen, daß Menschen ihren Wert verlieren, während sie schlafen, in Urlaub sind oder einfach nichts produzieren.

Schauen wir uns noch einmal zwei Sichtweisen des menschlichen Wertes an: 1. Der Wert entspricht den äußeren Gegebenheiten. 2. Der Wert hat mit den äußeren Gegebenheiten nichts zu tun.

Wenn der Wert den äußeren Gegebenheiten entspricht

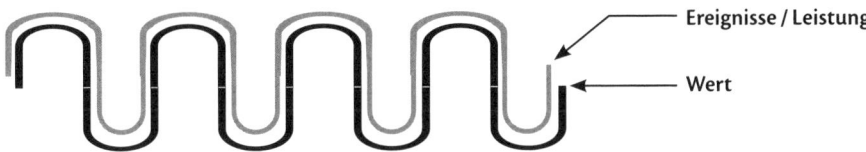

Ereignisse / Leistung

Wert

Wenn der Wert den äußeren Gegebenheiten entspricht, steigt und fällt die Selbstachtung mit den laufenden Ereignissen. Beispielsweise erklärte eine High-school-Studentin, sie fühle sich weniger wertvoll, wenn sie in den Spiegel schaue und ihre Hautfarbe sehe. Sie fühle sich anschließend besser, wenn ein netter junger Mann sie grüße; doch wenn dieser sie nicht bitte, mit ihm etwas zu unternehmen, gehe es ihr wieder schlecht. Sie fühle sich wunderbar, wenn sie mit dem jungen Mann auszugehen beginne, und elend, wenn diese Bekanntschaft ein Ende finde. Es sei, als fahre sie auf einer emotionalen Achterbahn.

Erwachsene erleben Hochgefühle, wenn sie befördert werden, Preise gewinnen oder die Aufnahmeprüfung für das Medizinstudium bestehen. Tiefpunkte sind für sie, wenn sie kritisiert werden, wenn sie schlechte Leistungen erbringen oder wenn das Sportteam, mit dem sie sich identifizieren, verliert.

Falls Sie Ihren Wert von Ihrer Arbeit oder Ihrer Ehe abhängig machen, wie fühlen Sie sich dann, wenn Ihnen klar wird, daß Sie Ihre letzte Beförderung schon hinter sich haben, oder wenn Sie sich scheiden lassen? Wahrscheinlich gehen Ihre Gefühle dann über die normale und angemessene Trauer und Enttäuschung hinaus. Wird der Wert eines Menschen in Frage gestellt, entsteht gewöhnlich eine Depression. Entspräche der menschliche Wert dem Marktwert, wären nur Reiche und Mächtige wertvoll. Demzufolge hätten Donald Trump oder Hitler einen höheren menschlichen Wert als Mutter Teresa.

Wenn der Wert von den äußeren Gegebenheiten unabhängig ist

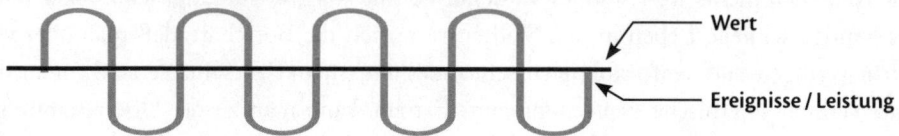

Wenn der menschliche Wert nicht von Äußerlichkeiten abhängig ist, ist er intrinsisch und unveränderlich und wird nicht durch äußere Geschehnisse oder Umstände beeinflußt. Wir unterscheiden hier, ob sich jemand wegen bestimmter Ereignisse oder Handlungen (Schuld) oder wegen seiner Essenz (Scham) schlecht fühlt. Schuldgefühle wegen törichten Verhaltens motivieren zur Veränderung und sind als positiv anzusehen. Wird hingegen die Essenz angegriffen, leidet die Motivation.

Es geht also darum, das Verhalten zu beurteilen, nicht die Essenz. Hinsichtlich der Beurteilung von Verhaltensweisen und aktuell vorhandenen Kompetenzen kann man einigermaßen objektiv sein, doch ist dies schwierig, wenn man das essentielle Selbst verurteilt hat.

Außerdem ist es ratsam, unangenehme Gefühle, die auf Enttäuschung, Krankheit, Erschöpfung, biochemischen Schwankungen, Ärger, Angst usw. basieren, von negativen Gefühlen zu unterscheiden, die sich auf das Kern-Selbst beziehen.

Schauen wir uns in diesem Zusammenhang das Beispiel einer schwierigen Situation an. Nehmen wir an, Sie haben erwartet und sich gewünscht, befördert zu werden, und dann wird statt Ihrer jemand anderes befördert. Daraufhin sagen Sie sich: »Vielleicht sind einige meiner Kompetenzen für diese Position noch nicht ausreichend.« Dies ist eine faktische Aussage, die auf der Ebene der Fertigkeiten, der Erfahrung oder der Ausbildung über Ihren Status urteilt. Die Konsequenz aus einer solchen Einschätzung wäre eine angemessene Enttäuschung und möglicherweise die Entscheidung, an der Verbesserung Ihrer Kompetenz zu arbeiten. Hätten Sie hingegen über sich gesagt: »Ich bin als Mensch nicht gut genug«, so wäre dies eine Aussage über Ihren Wert, derzufolge Sie in Ihrem Wesen minderwertig sind. Zweifellos würde eine solche destruktive Selbsteinschätzung zu Selbstantipathie und eventuell auch zu einer Depression führen. Deshalb sollten Sie niemals Urteile über Ihre Essenz fällen, sondern nur solche über Ihre aktuelle Kompetenz und Ihre Leistungen.

Warum Menschen einen Wert haben

Ich widme diesen Abschnitt Menschen, die mit der Idee des bedingungslosen Wertes ringen. Dabei fällt mir ein Mann ein, der an einem Kurs über Selbstachtung teilnahm. Intelligent und aufgeweckt hörte er sich die Ausführungen über die Axiome des menschlichen Werts an. Damit hatte er offenbar seine Schwierigkeiten. Er wirkte, als bemühe er sich zu glauben, was er hörte, doch verstand er offenbar nicht, warum alle Menschen trotz ihrer Unvollkommenheiten und ihres törichten Verhaltens einen Wert haben. Schließlich fiel bei ihm zu seiner großen Freude doch der Groschen.

Ich würde zunächst gerne ein paar Fragen stellen: Warum geben Menschen Millionen dafür aus, ein zweijähriges Mädchen, das noch nichts Bemerkenswertes getan hat, aus einem Brunnen zu befreien? Warum lieben wir ein Baby? Inwiefern ähneln wir einem Hund oder einem leblosen Objekt? Und inwiefern sind wir anders als beide?

Ein Mensch hat aus mindestens vier Gründen einen Wert:

1. *Aktuelle Begabungen.* Die angeborene Natur eines Menschen ist angenehm. Es macht Freude, ein Kind mit Blättern spielen oder auf die Schönheit der Natur reagieren zu sehen. Es macht Freude, Kinder zu lieben und zu sehen, wie sie mit einem Lächeln, mit Freude, Verspieltheit, Zuneigung oder der Sicherheit, sich begeistert auf die Welt einzulassen, reagieren.

2. *Fähigkeiten.* Wenn Menschen sich widerwärtig verhalten, macht es Freude, über ihr Potential nachzudenken, das Leben durch Kunst, handwerkliches Geschick oder durch andere Arten des Schaffens, durch die Emotionen der Freude, des Akzeptierens und der Ermutigung, durch Lachen, Arbeit und Liebe zu verschönern. Fähigkeiten sind angeboren, und sie müssen entdeckt und entwickelt werden. Wenn wir irren, können wir unseren Weg korrigieren. Wir können also beobachten, daß Menschen zwar fehlbar sind, aber über grenzenlose Möglichkeiten der Vervollkommnung verfügen und daß sie »nicht nur ihre Nahrung, sondern auch ihre Hoffnungen in Lebensenergie verwandeln« können (Cousins 1983). Wenn Theologen darauf hinweisen, daß die Menschen nach dem Ebenbild Gottes geschaffen sind, beziehen sie sich damit auf die Vorstellung, daß ein Mensch einem Samenkorn gleicht – das in sich vollständig ist, aber nicht vollendet – daß er über die Anlage zu jeder vorstellbaren Fähigkeit verfügt: über die Fähigkeiten, rational zu denken, Gefühle zu entwickeln, sich aufzuopfern, zu lieben, ethische Entscheidungen zu treffen, Wahrheit und Wert zu erkennen, zu schaffen, zu verschönern und sanft, geduldig oder standhaft zu sein.

3. *Frühere Beiträge.* Wenn ein Mensch jemals etwas tut, das dem Wohl anderer zugute kommt – im Großen oder im Kleinen –, ist dieser Mensch nicht wertlos.

4. *Die Handwerkskunst des Körpers.* Obwohl der Körper etwas Äußerliches ist, eignet er sich vorzüglich als Metapher für das Kern-Selbst. Verschiedene Einflüsse in der heutigen Kultur fördern die »Verdinglichung« des Körpers. Die Medien glorifizieren die Tendenz, andere Menschen als Lustobjekte zu benutzen. Viele Menschen sind sexuell mißbraucht oder körperlich mißhandelt worden. Ist der Körper eines Menschen schlecht behandelt worden ist, kann der Betroffene den eigenen Körper als

ekelhaft ansehen. Noch größer ist die Gefahr, daß solche Menschen das essentielle Selbst entwerten. Andererseits kann die erstaunliche Komplexität des Körpers Menschen helfen, den Wert des essentiellen Selbst mehr zu schätzen. (Diesem wichtigen Gedanken wenden wir uns in den Kapiteln 15 und 16 erneut zu.)

Manchmal fragen Menschen: »Was ist, wenn ich häßlich oder verkrüppelt bin? Wie kann ich mich dann wertvoll fühlen?« Ich fordere die Betreffenden gewöhnlich auf, sich einmal vorzustellen, daß sie tatsächlich verkrüppelt seien, und sich zu überlegen, wie sie sich in diesem Fall trotz ihres Zustandes ihres Wertes versichern und wie sie diesen erleben könnten. Die Reaktionen darauf sind oft höchst aufschlußreich:

→ Ich könnte Liebe mit Hilfe meiner Augen ausdrücken.
→ Ich könnte lernen zuzulassen, daß andere Menschen mir helfen, und dies genießen.
→ Ich könnte meine Gedanken verändern; ich könnte lernen, mich nicht mehr ausschließlich über meinen Körper zu definieren.
→ Ich könnte meine Willenskraft demonstrieren (z. B. indem ich meine Freude an dem, was ich sehe, zum Ausdruck brächte; indem ich versuchte, auch nur einen einzigen Finger zu bewegen; indem ich an der Kultivierung meines Geistes arbeitete).

Wir kehren immer wieder zu den grundlegenden Ideen zurück. Ihr Wert als Mensch existiert bereits, unabhängig davon, ob Sie schlafen oder etwas schaffen. Der Kern beinhaltet mehr als Verhalten, Status oder andere Äußerlichkeiten. Wir müssen lernen, den essentiellen Wert zu erleben und uns seiner zu erfreuen.

Wert läßt weder Vergleiche noch Wettbewerb zu, wie das Erlebnis des Vaters in der folgenden Geschichte zeigt:

Drei meiner Kinder schaukelten in einem Park, und zwei von ihnen hatten gelernt, sich aus eigener Kraft hochzuschaukeln. Für einen Vater ist es immer ein glücklicher Tag, wenn seine Kinder lernen, sich hochzuschaukeln. Zwei von ihnen schafften eine ziemliche Höhe, und Devon sagte: »Ich komme so hoch wie Katherine«, und Katherine schaute zu ihm hinüber und sagte: »Ich komme so hoch wie Devon«, denn sie schaukelten genau im Takt. Die kleine Marinda befand sich in der Mitte zwischen ihren Geschwistern und bewegte sich kaum, weil ein Wind wehte. Als sie die anderen sagen hörte, sie würden die gleiche Höhe erreichen, sagte sie: »Ich komme so hoch wie ich« (Durrant 1980).

Schon sehr früh kann ein Kind die Idee des essentiellen Wertes verstehen, eines Wertes, der weder Vergleich noch Wettbewerb zuläßt, und wenn es dies versteht, ist das sehr günstig.

Reflektionen über bedingungslosen und allgemeinen menschlichen Wert

Bitte denken Sie ein wenig über die folgenden Reflexionen bezüglich des menschlichen Wertes nach. Wenn Sie dies getan haben, können Sie mit Aktivitäten zur Entwicklung entsprechender Fertigkeiten beginnen, die in den Kapiteln 5 bis 9 erläutert werden.

Wir [sind] gleiche Bewohner eines von Individuen bevölkerten Paradieses, in dem jeder das Recht hat, verstanden zu werden.

— Richard Rorty (1991)

Wir halten diese Wahrheiten für ausgemacht, daß alle Menschen gleich erschaffen wurden, daß sie von ihrem Schöpfer mit gewissen unveräußerlichen Rechten begabt wurden, worunter Leben, Freiheit und das Streben nach Glückseligkeit sind.

— *aus der Amerikanischen Unabhängigkeitserklärung*
vom 4. Juli 1776

Wir alle sind im Grunde insofern gleich,
als wir alle Glück suchen und Leiden zu vermeiden trachten.

Alle sind Meinesgleichen.
Ihr Gefühl »Ich bin ohne Wert« ist falsch. Absolut falsch.

— Der Dalai Lama

Du bist so gut wie alle.

— *Worte von Martin Luther Kings Vater an seinen Sohn.*

Du bist so gut wie jeder, aber du bist nicht besser als irgend jemand, und vergiß das nicht.

— *Worte des Vaters von John Wooden, dem legendären Coach,*
an seinen Sohn

Im Schlaf sind alle Menschen gleich.

— Aristoteles

[Wir] sind nach Gottes Bild geschaffen – dem Bild eines guten Gottes, eines Gottes der Schönheit … Gott erklärte, daß seine Schöpfung gut sei.

— Rebecca Manley Pippert (1999)

Wir müssen uns als Wunder sehen.

— Virginia Satir

Menschen können menschlich sein, menschliche Schwächen haben und trotzdem großartig sein.

— Stephen L. Richards (1955)

Helden tragen keine Lettermen-Jackets. Wir wissen, wer wir sind.

— Evil Knievel[*]

Wenn wir die Umstände oder andere Menschen über unseren Wert entscheiden lassen, gestehen wir ihnen unverhältnismäßig viel Macht und Einfluß zu.

— Anonymus

Wenn unser Wert als Menschen davon abhängt, was wir mit unseren Händen und mit unserem Geist tun, dann werden wir zu Opfern jener Angsterzeugungstaktiken, die in unserer Welt eine so wichtige Rolle spielen. Wenn Produktivität unser wichtigstes Mittel zur Überwindung von Selbstzweifeln ist, sind wir extrem anfällig für Zurückweisung und Kritik und können sehr leicht Ängste und Depressionen entwickeln.

— Henry J. M. Nouwen (1989)

Probleme sind Schwächen (die wir durch Stärkung überwinden können), keine Krankheiten (die durch Entfernung ihrer Verursacher geheilt werden müssen).

— William Glasser

---

* Berühmter amerikanischer Stuntman, Anm. d. Übers.

Jede Klischeevorstellung, die Sie jemals über Babys gehört haben, trifft nach meiner Auffassung zu. Sie sind weich und warm, faszinierend, niedlich und liebenswert. Ich habe noch nie ein Baby gesehen, das nicht so war, und das ist gut so, denn wenn Babys nicht nett und liebenswert wären, dann würden wir kaum so bereitwillig ertragen, daß sie so anspruchsvoll sind und uns so viel Mühe machen.

Babys sind reines Potential. Wenn man ein Baby auf den Arm nimmt, staunt man, wie leicht es ist, aber man spürt auch, daß man die Zukunft hält, die Erde und den Himmel, die Sonne und den Mond, und alles ist nagelneu.

Babys helfen uns auch, die sich ständig verändernde Welt im rechten Licht zu sehen. Die Veränderung der Welt muß warten, wenn die Zeit gekommen ist, das Baby zu verändern.

— CHARLES OSGOOD

5

Selbstschädigende Gedanken erkennen und ersetzen

Obwohl alle Menschen unendlich wertvoll sind, haben nicht alle das Gefühl, auch nur irgendeinen Wert zu haben. Ein Grund dafür ist, daß negative, deprimierende Denkmuster unser Selbstwertgefühl untergraben können.

Versetzen Sie sich einmal in folgende Situation. Der Chef blickt John und Bill im Vorübergehen auf dem Flur finster an. John fühlt sich daraufhin schlecht und denkt: »Oh je, er ist sauer auf mich!« Bill reagiert zwar auch besorgt, ist aber nicht beunruhigt. Er sagt sich: »Wahrscheinlich hat der Chef wieder einmal Ärger mit der Kundenabteilung gehabt.« Wie unterscheiden sich die beiden Reaktionen? Der Unterschied betrifft nicht den Vorfall, um den es geht, sondern die Art, wie John und Bill über diesen Vorfall denken.

Eine psychotherapeutische Richtung mit Namen *kognitive Therapie* hat bestimmte Denkmuster identifiziert, die sich negativ auf die Selbstachtung auswirken und zu Depression führen. Diese Denkmuster *er*lernen Menschen, und sie können sie auch wieder *ver*lernen. Die kognitive Therapie hat eine effektive und unkomplizierte Möglichkeit entwickelt, diese selbstschädigenden Gedanken zu eliminieren und sie durch vernünftigere Gedanken zu ersetzen. Dem liegt ein sehr einfaches Modell zugrunde, das der Psychologe Albert Ellis entwickelt hat:

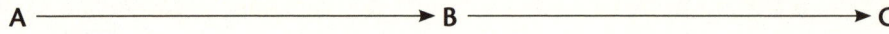

A ————————————————▶ B ————————————————▶ C

»A« steht für **a**ktivierendes (oder beunruhigendes) Ereignis. B ist die Überzeugung (engl.: *belief*) (oder automatische Gedanken), die wir bezüglich des Ereignisses A hegen. Und C sind die emotionalen Konsequenzen (engl. *consequences*) (oder Gefühle, wie das Gefühl der Wertlosigkeit oder Depression). Die meisten Menschen sind der Meinung, A verursache C. Doch in Wahrheit hat B, unser inneres Selbstgespräch, einen wesentlich größeren Einfluß.

Automatische Gedanken und Verzerrungen

Bei jedem beunruhigenden Ereignis gehen uns automatische Gedanken durch den Kopf. Obwohl wir alle in der Lage sind, über beunruhigende Ereignisse vernünftig zu denken, sind die Gedanken, die sich in solchen Situationen automatisch einstellen, manchmal verzerrt – oder unverhältnismäßig negativ. Verzerrte automatische Gedanken tauchen so schnell auf, daß wir sie kaum bemerken, ganz zu schweigen davon, daß wir innehalten könnten, um sie zu hinterfragen. Dennoch beeinflussen sie in starkem Maße unsere Stimmungen und unser Selbstwertgefühl. In diesem Abschnitt werden Sie lernen, solche Verzerrungen des Denkens zu erkennen, ihre Logik zu hinterfragen und sie durch Gedanken zu ersetzen, die stärker der Wirklichkeit entsprechen, statt sich der Wirkung deprimierender Gedanken zu überlassen.

Die Verzerrungen lassen sich in 13 Kategorien unterteilen. Ich empfehle Ihnen, sich diese Kategorien gut zu merken. Sie können Ihnen bei der Arbeit am Selbstwertgefühl sehr gute Dienste leisten.

Ungeprüfte Annahmen

In diesem Fall nehmen wir das jeweils Schlimmstmögliche an, ohne zu überprüfen, ob es schlüssige Beweise für diese Annahme gibt. So nahm John im obigen Beispiel an, der unfreundliche Blick des Chefs bedeute, daß dieser auf ihn wütend sei. John hätte diese Annahme überprüfen können, indem er den Chef gefragt hätte: »Sind Sie wütend auf mich?«

Ein von einer Annahme bestimmtes Selbstgespräch wäre auch der Gedanke: »Ich weiß, daß es mir keine Freude machen wird« oder: »Ich weiß, daß ich schlecht abschneiden werde, obwohl ich mich darauf vorbereitet habe.« Vernünftiger wären Gedanken wie: »Vielleicht macht es mir Freude, vielleicht aber auch nicht (gute Arbeit zu leisten usw.). Ich bin bereit, mich auf das Experiment einzulassen und zu schauen, was dabei herauskommt.«

»Sollte«-Aussagen

»Sollte«- und »Muß«-Aussagen sind Forderungen, die wir an uns selbst richten. Beispielsweise: »Ich sollte ein perfekter Liebhaber sein«, »Ich darf keine Fehler machen«, »Ich hätte es besser wissen müssen« oder: »Ich sollte glücklich und nie deprimiert oder müde sein.« Wir glauben, daß wir uns durch solche Aussagen motivieren. Doch meist bewirken sie nur, daß wir uns noch schlechter fühlen (z. B. weil ich so und so sein *sollte* und ich nicht so bin, fühle ich mich unzulänglich, frustriert, beschämt und hoffnungslos).

Vielleicht ist eine der wenigen akzeptablen »Sollte«-Aussagen die Feststellung, daß wir Menschen mit unserem jeweiligen Hintergrund, unserer unvollkommenen Verständnisfähigkeit und unserer aktuellen Kompetenz fehlbar sein »sollten« bzw. »müssen«, so wie wir nun einmal sind. Wenn wir es *wirklich* besser wüßten bzw. könnten (d. h., wenn wir die Vorteile bestimmter Verhaltensweisen klar verstünden und problemlos in der Lage wären, uns dementsprechend zu verhalten), dann *wären* wir besser. Deshalb besteht eine Lösungsmöglichkeit darin, alle »Sollte«-Aussagen durch »Würde«-, »Wäre«- oder »Könnte«-Aussagen zu ersetzen (Es *wäre* schön, wenn ich das täte. Ich frage mich, wie ich das machen *könnte*). Oder Sie ersetzen »Sollte«-Aussagen durch »Will«- oder »Möchte«-Aussagen (Ich *will* das tun, weil es zu meinem Vorteil ist, nicht weil irgend jemand mir gesagt hat, daß ich es tun *sollte* oder *muß*).

Die Märchenphantasie

Die Märchenphantasie beinhaltet, daß Sie vom Leben den Idealfall erwarten. Im Grunde ist dies eine besondere Art von »Sollte«-Aussagen. Sätze wie »Das ist nicht fair!« oder »Warum mußte das passieren?« bedeuten oft: »Die Welt dürfte / sollte nicht so sein, wie sie ist.« Doch in der Realität erleben gute Menschen negative und unfaire Dinge – manchmal rein zufällig, manchmal aufgrund der Unvernunft anderer und in wieder anderen Fällen aufgrund eigener Unvollkommenheit. Wenn Sie von der Welt erwarten, daß sie anders sein sollte, als sie tatsächlich ist, dann ist eine Enttäuschung praktisch vorprogrammiert. Auch in diesem Fall ist eine »Würde«-, »Wäre«- oder »Könnte«-Aussage ein kluger Ersatz für eine »Sollte«-Aussage (z.B.: »Es *wäre* schön, wenn die Dinge ideal wären, doch sind sie es leider nicht. Wirklich schade. Ich frage mich, was ich tun *könnte*, um die Situation zu verbessern«).

Alles-oder-nichts-Denken

Beim Alles-oder-nichts-Denken orientieren Sie sich am unerreichbaren Zustand der Perfektion (oder an einem Resultat, das ihr nahe kommt). Wenn es Ihnen nicht gelingt, diesem Standard gerecht zu werden, schließen Sie, daß sie als Mensch ein völliger Versager sind. Beispielsweise: »Wenn ich nicht der Beste bin, bin ich ein Flop«, »Wenn ich keine perfekte Leistung zustande bringe, bin ich ein Verlierer«, »Wenn ich einen Wert unter 90 Prozent erreiche, bin ich ein Verlierer«, »Wenn ich auch nur einen kleinen Fehler mache, bin ich eine Niete.« Solche Aussagen widersprechen jeder Vernunft, weil so krasse Schwarzweiß-Extreme kaum existieren. Selbst wenn es möglich wäre, eine perfekte Leistung zu schaffen (was nicht der Fall ist), liegt eine Leistung, die solch einen Standard nicht erreicht, gewöhnlich irgendwo zwischen 80 und 35 Prozent, also keineswegs bei null Prozent. Und eine schlechte *Leistung* macht eine komplexe *Person* niemals wertlos, sondern zeigt nur, daß sie fehlbar ist. Fragen Sie sich: »Warum *muß* ich Tausend andere schlagen?«

Übertriebenes Verallgemeinern

Übertriebenes Verallgemeinern beinhaltet die Überzeugung, daß negative Erlebnisse Ihr Leben vollständig beschreiben. Beispiele hierfür sind: »*Immer* ruiniere ich *alles*«, »*Immer* werde ich zurückgewiesen, wenn ich mich in jemanden verliebe«, »*Niemand* mag mich; *alle* hassen mich«, »Ich bin in Mathematik *nie* gut.« Solche verallgemeinernden Aussagen sind lieblos, deprimierend und meist auch mehr oder minder unzutreffend. Das Gegengift zu ihnen ist eine präzisere Ausdrucksweise: »*Einige* meiner Fertigkeiten sind *noch* nicht gut genug entwickelt«, »In *einigen* Situationen bin ich nicht so taktvoll, wie ich es gern wäre«, »*Manchmal* akzeptieren andere Menschen mich nicht (*manchmal* tun *einige* Menschen dies)«, »Wenn mein Leben in *einige*n Aspekten nicht gut gelaufen ist, bedeutet das nicht, daß ich *nie* etwas Gutes zustande bringe.« Zeigen Sie gesunden Optimismus: Erwarten Sie, daß Sie kleine Ansätze finden werden, um Situationen zu verbessern, und achten Sie darauf, was in Ihrem Leben gut läuft.

Abstempeln

In diesem Fall drücken Sie sich einen Stempel auf, ordnen sich eine bestimmte Bezeichnung zu, als ob ein einzelnes Wort einen Menschen vollständig zu beschreiben vermöchte. Beispiele hierfür sind: »Ich bin so ein schrecklicher Verlierer«, »Ich bin dämlich«, »Ich bin doof«, »Ich bin langweilig«. Wenn Sie über sich sagen: »Ich *bin* dumm«, bedeutet dies, daß Sie *immer*, also jeden Tag, dumm sind. In Wahrheit jedoch verhalten sich einige Menschen, die manchmal sehr dumm handeln, in anderen Fällen ziemlich intelligent. Weil Menschen zu kompliziert sind, als daß man ihnen mit simplen Abstempelungen gerecht werden könnte, empfiehlt es sich, das Etikettieren auf die Benennung bestimmter Verhaltensweisen zu beschränken (z.B.: »Es war dumm, das zu tun.«). Fragen Sie sich: »Bin ich *immer* dumm? Vielleicht manchmal, aber nicht *immer*.«

Das Negative hervorheben

Angenommen, Sie gehen zu einer Party, und Ihnen fällt auf, daß ein anderer Gast Hundekot am Schuh hat. Je länger Sie darüber nachdenken, um so unwohler fühlen Sie sich. Bei dieser Art von Verzerrung konzentrieren Sie sich auf die negativen Aspekte einer Situation, während sie die positiven Aspekte ignorieren. Die Folge ist, daß die gesamte Situation schon bald negativ aussieht. Weitere Beispiele: »Wie kann ich mich bezüglich des Tages, an dem ich kritisiert worden bin, gut fühlen?«, »Wie kann ich mich meines Lebens freuen, wenn meine Kinder Probleme haben?«, »Wie kann ich mich in meiner Haut wohlfühlen, wenn ich Fehler mache?«, »Das Steak ist verbrannt, deshalb ist das ganze Essen ruiniert!« Eine Möglichkeit, diese Gewohnheit zu überwinden, besteht darin, daß Sie Ihre Möglichkeiten überprüfen: »Würde ich mehr Freude haben (und mich in meiner Haut wohler fühlen), wenn ich mich für einen anderen Fokus entscheiden würde?«, »An welchen angenehmen Dingen könnte ich mich trotzdem erfreuen?«, »Was würde ich an einem guten Tag denken?«, »Wie würde ein Mensch mit intakter Selbstachtung diese Situation sehen?«

Abwerten des Positiven

Wenn wir uns auf das Negative fixieren, übersehen wir die positiven Aspekte von Dingen. Im vorliegenden Fall hat die Negation des Positiven zur Folge, daß unser Selbstwertgefühl schwach bleibt. Nehmen wir beispielsweise an, jemand macht Ihnen ein Kompliment wegen Ihrer Arbeit. Sie antworten daraufhin: »Ach, das ist doch nichts. Jeder könnte das.« Sie werten die Tatsache ab, daß Sie lange und effektiv gearbeitet haben. Kein Wunder, daß Erfolge Ihnen keine Freude machen. Sie hätten ebensogut »Danke« antworten und sich sagen können: »Ich verdiene besondere Anerkennung, nachdem ich diese schwierige und langweilige Arbeit zum Abschluß gebracht habe. Einem anderen Menschen, der Ihnen am Herzen läge, würden Sie in solch einem Fall ein Kompliment machen. Warum sollten Sie sich dann nicht selbst den gleichen Liebesdienst erweisen?

Ungünstige Vergleiche

Nehmen wir einmal an, Sie hätten ein ungewöhnliches Vergrößerungsglas, das einige Dinge (etwa Ihre Fehler und Schwächen oder die Stärken anderer Menschen) vergrößern und andere verkleinern könnte (beispielsweise Ihre Stärken und die Fehler anderer). Verglichen mit anderen würden Sie bei einer solchen Betrachtungsweise stets als unzulänglich und minderwertig erscheinen – Sie würden immer »den kürzeren ziehen«.

Beispielsweise könnten Sie denken: »Ich bin nur Hausfrau und Mutter« (womit Sie Ihre Stärken als geringwertig hingestellt hätten). »Jan ist eine reiche und kluge Anwältin« (womit Sie die Stärken eines anderen Menschen vergrößert hätten). Ihr Freund antwortet daraufhin: »Aber du bist eine ausgezeichnete Hausfrau. Du hast deine Kinder wunderbar erzogen. Und Jan ist Alkoholikerin.« Daraufhin antworten Sie: »Ja, aber (womit Sie die Fehler der anderen und Ihre eigenen Erfolge herabsetzen) schau dir die Prozesse an, die sie gewonnen hat. Sie ist es, die den entscheidenden Beitrag leistet! (Die Stärken des anderen übertrieben großartig darstellen.)«

Eine Möglichkeit, diese Verzerrung zu untersuchen, besteht darin, folgende Fragen zu stellen: »Warum muß ich diesen Vergleich anstellen? Warum kann ich mich nicht einfach darüber freuen, daß jeder Mensch seine einzigartigen Stärken und Schwächen hat? Was ein anderer beigetragen hat, ist nicht unbedingt immer besser, sondern nur anders.«

Katastrophieren

Wenn Sie etwas für eine Katastrophe halten, sagen Sie sich, diese Sache sei so schrecklich, daß Sie »es nicht aushalten!« Indem wir uns so etwas einreden, überzeugen wir uns davon, daß wir zu schwach sind, mit dem Leben fertig zu werden. Ein Beispiel: »Ich könnte es nicht ertragen, wenn sie mich verlassen würde. Das wäre schrecklich!« Obwohl viele Dinge unangenehm, unbequem und schwierig sind, können wir im Grunde fast alles ertragen, es sei denn, wir werden von einer Dampfwalze überrollt, wie Albert Ellis einmal gesagt hat. Man könnte also auch denken: »Mir gefällt das zwar nicht, aber ich kann es ertragen.«

Die folgenden Fragen stellen die Überzeugung auf den Prüfstand, daß etwas eine Katastrophe sein wird.

→ Wie hoch ist die Wahrscheinlichkeit, daß dies passiert?
→ Wenn es passiert, wie hoch ist dann die Wahrscheinlichkeit, daß ich daran sterben werde?
→ Wenn das Schlimmstmögliche passiert, was werde ich dann tun? (Sich ein Problem im voraus vorzustellen und einen Aktionsplan zu entwickeln, stärkt das Selbstvertrauen.)
→ Wie werden die Menschen in hundert Jahren darüber denken?

Persönlichnehmen

Persönlichnehmen bedeutet, daß Sie Ihren Anteil an negativen Ereignissen höher einschätzen, als er tatsächlich ist. Wenn beispielsweise ein Student das College abbricht, gelangt seine Mutter vielleicht zu dem Schluß: »Das ist einzig und allein meine Schuld.« Ein Ehemann übernimmt die volle Verantwortung für die Erschöpfung oder Wut seiner Frau oder für eine Scheidung. In solch einem Fall ist die Ich-Identifikation so stark, daß jedes Ereignis zu einer Prüfung des eigenen Wertes wird. Gegen diese Verzerrung des Denkens gibt es zwei wirksame Gegenmittel:

→ Unterscheiden Sie *Einflüsse* von *Ursachen*. Manchmal können wir die Entscheidungen anderer beeinflussen, doch letztlich liegt die Entscheidung bei ihnen, nicht bei uns.
→ Halten Sie realistisch nach Einflüssen außerhalb von uns Ausschau. Statt beispielsweise zu denken: »Was ist mit mir nicht in Ordnung? Warum kann ich das nicht?«, könnte man auch sagen: »Dies ist eine schwierige Aufgabe. Die Hilfe, die ich brauche, ist nicht vorhanden. Außerdem ist es laut, und ich bin müde.« Statt zu denken: »Warum fährt er mich an?«, könnte man auch sagen: »Vielleicht stehe ich gar nicht im Mittelpunkt. Vielleicht ist er heute einfach auf die ganze Welt wütend.«

Schuld zuweisen

Schuld zuweisen ist das Gegenteil von Persönlichnehmen. Während Sie beim Persönlichnehmen die gesamte Verantwortung für Ihre Schwierigkeiten sich selbst zuschreiben, weisen Sie diese beim Beschuldigen etwas oder jemand anderem zu. Beispielsweise:

→ Er macht mich so wütend!
→ Sie hat mein Leben ruiniert und mein Selbstwertgefühl zerstört.
→ Ich bin ein Verlierer, weil ich eine so schreckliche Kindheit hatte.

Problematisch am Beschuldigen ebenso wie am Katastrophieren ist, daß wir uns dabei als hilflose Opfer sehen, die so machtlos sind, daß sie mit den Dingen nicht fertig werden können. Ein wirksames Mittel gegen das Beschuldigen ist, daß wir die Wirkung äußerer Einflüsse zwar anerkennen, aber die Verantwortung für unser Wohlergehen trotzdem übernehmen: »Ja, sein Verhalten *ist* ungerecht und unfair, aber ich brauche deshalb nicht bitter oder zynisch zu werden. Das habe ich nicht nötig.«

Beachten Sie, daß ein Mensch mit intakter Selbstachtung über die Freiheit verfügt, eine realistische Möglichkeit anzunehmen. Er ist sich darüber im klaren, wofür er verantwortlich *ist* und wofür *nicht*. Doch wenn man Verantwortung übernimmt, dann für ein Verhalten oder für eine Entscheidung, nicht dafür, daß man im tiefsten Inneren schlecht ist. Entsprechend könnte man sagen: »Ich habe bei dieser Prüfung schlecht abgeschnitten, weil ich mich nicht genügend darauf vorbereitet habe. Nächstes Mal werde ich das besser machen.« In diesem Fall wird nicht das Kern-Selbst beurteilt, sondern nur das Verhalten.

Gefühle als Fakten hinstellen

Gefühle als Fakten hinzustellen bedeutet, daß man die eigenen Gefühle als Beweis dafür ansieht, wie die Dinge tatsächlich sind. Hierzu einige Beispiele:

→ Ich fühle mich wie ein völliger Versager. Ich muß ein hoffnungsloser Fall sein.
→ Ich schäme mich und fühle mich schlecht. Ich muß schlecht sein.
→ Ich fühle mich unzulänglich. Ich muß unzulänglich sein.
→ Ich fühle mich wertlos. Ich muß wertlos sein.

Erinnern Sie sich noch daran, daß Gefühle durch unsere Gedanken entstehen? Sind unsere Gedanken verzerrt (wie es oft der Fall ist, wenn wir überlastet oder deprimiert sind), spiegeln unsere Gefühle nicht immer die Realität. Deshalb sollten Sie Ihre Gefühle hinterfragen. Fragen Sie sich: »Wie würde jemand sein, der zu hundert Prozent unzulänglich (oder schlecht, schuldig, hoffnungslos usw.) ist? Bin ich wirklich so?« Dadurch werden die Tendenzen des Abstempelns oder des Alles-oder-nichts-Denkens hinterfragt. Denken Sie daran, daß Gefühle keine Tatsachen sind. Wenn unsere Gedanken vernünftiger werden, wirkt sich dies positiv auf unsere Gefühle aus.

Das tägliche Gedankenprotokoll

Nachdem Sie die verschiedenen Arten von Gedankenverzerrungen kennengelernt haben, werden Sie lernen, diese Kenntnis zur Stärkung Ihres Selbstwertgefühls zu nutzen. Wenn wir gestreßt und deprimiert sind, können Gedanken und Gefühle durch unseren Geist wirbeln und uns überwältigen. Sie zu notieren unterstützt die Auseinandersetzung mit ihnen und hilft, wieder eine klarere Sicht der Dinge zu entwickeln. Das tägliche Gedankenprotokoll (auf den folgenden Seiten) erfordert etwa fünfzehn Minuten pro Tag. Erstellen Sie es möglichst, wenn Sie merken, daß Sie sich aufgebracht fühlen. Sie können es aber auch später am gleichen Tag aufschreiben, nachdem Sie sich ein wenig beruhigt haben. Es funktioniert so:

Die Fakten

Beschreiben Sie zunächst kurz ein Ereignis, das Sie in Unruhe versetzt hat, und die dadurch hervorgerufenen Gefühle (traurig, ängstlich, schuldig, frustriert usw.). Schätzen Sie die Intensität dieser Gefühle ein (wobei der Wert 10 für »extrem unangenehm« steht). Denken Sie daran, daß die Auseinandersetzung mit belastenden Gefühlen eine Methode ist zu verhindern, daß sie Besitz von uns ergreifen.

Analysieren Ihrer Gedanken

Führen Sie in der ersten Spalte des Analyseteils Ihre automatischen Gedanken auf, und schätzen Sie jeweils ein, wie sehr Sie diese für zutreffend halten, wobei der Wert 10 für »absolut glaubhaft« steht.

Benennen Sie in der zweiten Spalte die Verzerrungen (wobei zu bedenken ist, daß einige automatische Gedanken durchaus zutreffend sein können).

Versuchen Sie, in der dritten Spalte, dem jeweiligen verzerrten automatischen Gedanken etwas entgegenzusetzen. Machen Sie sich klar, daß Ihr erster automatischer Gedanke nur eine von mehreren Möglichkeiten ist. Versuchen Sie sich vorzustellen, was Sie zu einem Freund sagen würden, der das gesagt hätte, was Sie tatsächlich gesagt haben, oder versuchen Sie, sich vorzustellen, durch welche vernünftigere Äußerungen Sie die verzerrte an einem guten Tag ersetzen würden. Fragen Sie sich: »Was ist der Beweis für die vernünftige Antwort?« Schätzen Sie anschließend ein, wie sehr Sie an die Richtigkeit der einzelnen Antworten glauben.

Ergebnisse

Kehren Sie nach alldem zur Spalte der anfänglichen Antworten zurück, beurteilen Sie die Richtigkeit Ihrer automatischen Gedanken erneut, und schätzen Sie schließlich in der obersten Spalte die Intensität Ihrer Emotionen ein zweites Mal ein. Falls dieser ganze Prozeß auch nur zu einer leichten Verringerung Ihrer Aufgebrachtheit führt, können Sie zufrieden sein. Nach dieser Arbeit werden Sie Ereignisse, die Sie in Aufruhr versetzt haben, wahrscheinlich immer noch als beunruhigend empfinden, aber nicht mehr als aufwühlend.

Bringen Sie Ihre Gedanken unbedingt zu Papier. Es wäre zu kompliziert, all dies im Kopf zu erledigen. Seien Sie geduldig mit sich selbst, während Sie lernen, dies zu tun. Gewöhnlich dauert es einige Wochen, bis man es gut kann.

Wählen Sie in den nächsten beiden Wochen jeden Tag ein belastendes Ereignis aus, und führen Sie ein tägliches Gedankenprotokoll aus. Wenden Sie sich nach Ablauf der beiden Wochen dem nächsten Abschnitt zu: »Den Dingen auf den Grund gehen«.

Tägliches Gedankenprotokoll

Die Fakten

Ereignis (Beschreiben Sie das Ereignis, das Sie »dazu gebracht hat«, sich schlecht/unwohl zu fühlen.)	Wirkung (Beschreiben Sie die Emotionen, die Sie empfunden haben.)	Intensität (Schätzen Sie die Intensität der Emotionen mit einem Wert zwischen 1 und 10 ein.)

Analyse Ihrer Gedanken

Anfängliche Reaktionen (Beschreiben Sie Ihre automatischen Gedanken oder Ihr inneres Selbstgespräch, und schätzen Sie anschließend mit einem Wert zwischen 1 und 10 ein, für wie glaubwürdig Sie diese Gedanken halten.)	Wert	gedankliche Verzerrungen (Identifizieren und benennen Sie die gedanklichen Verzerrungen.)	adäquate Reaktionen (Suchen Sie stimmige und vernünftige Entgegnungen auf Ihre gedanklichen Verzerrungen, und schätzen Sie mit einem Wert zwischen 1 und 10 ein, wie sehr Sie an diese Alternativgedanken glauben.)	Wert

Ergebnisse

Schätzen Sie nun aufgrund Ihrer Gedankenanalyse erneut ein, wie sehr Sie jetzt noch an Ihre ursprünglichen Antworten glauben. Schätzen Sie auch die Intensität Ihrer Emotionen erneut ein.

Es folgt ein Beispiel für ein vereinfachtes tägliches Gedankenprotokoll.

Ereignis	Wirkung	Intensität
Bill und ich haben uns getrennt.	deprimiert wertlos	9 → 6 8 → 5

Analyse

Automatische Gedanken		Verzerrungen	adäquate Antworten	
Es ist allein meine Schuld.	8 → 5	persönlich nehmen	Wir haben beide Fehler gemacht, obwohl wir uns die größte Mühe gegeben haben, miteinander auszukommen.	8
Ich fühle mich so abgelehnt. Ich bin wertlos.	9 → 8	Gefühle als Fakten darstellen / Abstempeln	Solange ich irgend jemandem etwas bedeute oder bedeuten könnte (einschließlich meiner selbst), bin ich nicht wertlos.	7
Er haßt mich.	7 → 3	Annahme	Vielleicht hat er einfach das Gefühl, daß wir nicht zusammenpassen.	9
Ich werde nie mehr einen Partner finden, der so gut zu mir paßt.	10 → 8	Annahme	Ich weiß nicht, ob das stimmt. Möglicherweise könnte ich jemanden finden, der mich stärker akzeptiert und der deshalb besser zu mir paßt.	7
Ohne ihn wird mir nichts mehr Freude machen.	10 → 5	Annahme	Das kann ich nur herausfinden, indem ich es ausprobiere. Wahrscheinlich gibt es durchaus Dinge, die mir allein Freude machen, und solche, die ich mit anderen Menschen zusammen unternehmen kann.	7
Dieser Kerl hat mein Leben ruiniert.	9 → 5	Schuld zuweisen	Niemand außer mir selbst kann mein Leben ruinieren. Ich werde mich von dieser Erfahrung erholen und Möglichkeiten finden, mein Leben wieder zu genießen.	9

Auf der folgenden Seite befindet sich ein Blanko-Exemplar des täglichen Gedankenprotokolls, das Sie kopieren und dann zum Üben benutzen können.

Tägliches Gedankenprotokoll   Datum: _____

Die Fakten

Ereignis (Beschreiben Sie das Ereignis, das Sie »dazu gebracht hat«, sich schlecht/unwohl zu fühlen.)	Wirkung (Beschreiben Sie die Emotionen, die Sie empfunden haben.)	Intensität (Schätzen Sie die Intensität der Emotionen mit einem Wert zwischen 1 und 10 ein.)

Analyse Ihrer Gedanken

Anfängliche Reaktionen (Beschreiben Sie Ihre automatischen Gedanken oder Ihr inneres Selbstgespräch, und schätzen Sie anschließend mit einem Wert zwischen 1 und 10 ein, für wie glaubwürdig Sie diese Gedanken halten.)	Wert	gedankliche Verzerrungen (Identifizieren und benennen Sie die gedanklichen Verzerrungen.)	adäquate Reaktionen (Suchen Sie stimmige und vernünftige Entgegnungen auf Ihre gedanklichen Verzerrungen, und schätzen Sie mit einem Wert zwischen 1 und 10 ein, wie sehr Sie an diese Alternativgedanken glauben.)	Wert

Ergebnisse
Schätzen Sie nun aufgrund Ihrer Gedankenanalyse erneut ein, wie sehr Sie jetzt noch an Ihre ursprünglichen Antworten glauben. Schätzen Sie auch die Intensität Ihrer Emotionen erneut ein.

Den Dingen auf den Grund gehen:
Die Frage-und-Antwort-Technik

Bisher haben Sie gelernt, das tägliche Gedankenprotokoll zu benutzen, um verzerrte automatische Gedanken zu identifizieren und zu ersetzen. Nun vermag das Ersetzen verzerrter automatischer Gedanken zwar das Selbstwertgefühl zu stärken, aber das Entwurzeln von zentralen Überzeugungen oder Kern-Überzeugungen hat eine noch positivere Wirkung. Zentrale Überzeugungen sind tief verwurzelte Überzeugungen. Weil wir sie uns in der Regel schon früh im Leben aneignen, werden sie später nur selten noch verändert. Wir entdecken zentrale Überzeugungen, indem wir mit einem automatischen Gedanken beginnen und die Frage-und-Antwort-Technik auf ihn anwenden. Bei diesem Ansatz wählen Sie einen automatischen Gedanken und stellen auf ihn bezogen immer wieder folgende Frage, bis Sie schließlich zu der zentralen Überzeugung gelangen, auf der er basiert:

»Was bedeutet das für mich?«

Oder:

»Wenn das tatsächlich so ist, warum ist es dann so schlecht?«

Jane beispielsweise hat in einem täglichen Gedankenprotokoll ein Gefühl der Hilflosigkeit und Wertlosigkeit zum Ausdruck gebracht, das bei ihr auftauchte, weil ihre Tochter sich weigerte, ihr Zimmer in Ordnung zu halten. Jane entschloß sich, die Frage-und-Antwort-Technik auf den automatischen Gedanken »Der Raum ist ein totales Chaos« anzuwenden. Der Dialog verlief wie folgt:

Automatischer Gedanke: Der Raum ist ein totales Chaos.

Frage: Was bedeutet das für mich?

Antwort: Daß sie eine Schlampe ist!

Frage: Wenn das zutrifft, was ist dann daran so schlecht?

Antwort: Meine Freunde werden mich besuchen und ihr chaotisches Zimmer sehen.

Frage: Warum wäre das so schlimm?

Antwort: Sie würden denken, daß ich als Mutter versage.

Frage: Wenn das so wäre, was wäre daran so schlecht?

Antwort: Ich kann mich nicht wertvoll fühlen, wenn meine Freunde mich ablehnen. = ZENTRALE ÜBERZEUGUNG!

Wenn Sie diese zentrale Überzeugung erreicht haben, sind Sie von der Annahme ausgegangen, daß die Antworten, die Sie im Laufe des Prozesses gehört haben, zutreffend sind. Schauen Sie sich nun die Antworten noch einmal genauer an, halten Sie nach gedanklichen Verzerrungen darin Ausschau, und versuchen Sie dann, bei jedem Schritt adäquat zu antworten. Es folgt ein Beispiel dafür, wie dieser ganze Prozeß verlaufen könnte. Dabei werden für das tägliche Gedankenprotokoll drei Spalten verwendet. Das »F« steht für Fragen, die nicht unbedingt aufgeschrieben zu werden brauchen.

Anfängliche Reaktionen (automatische Gedanken)	Verzerrungen	adäquate Gedanken
Dieser Raum ist ein völliges Chaos.		
F		
Sie ist eine Schlampe.	Abstempeln	In Wahrheit ist sie in bestimmten Bereichen, die ihr wichtig sind, sehr adrett, etwa ihrer äußeren Erscheinung.
F		
Wenn meine Freunde zu Besuch kommen, sehen sie das Chaos in ihrem Zimmer.		Selbst wenn das so ist, trifft doch auch zu, daß viele wertvolle Menschen Töchter mit chaotischen Zimmern haben.
F		
Sie werden mich für eine unzulängliche Mutter halten.	Annahme / Alles-oder-nichts-Denken	Sie könnten mich für fehlbar halten, genauso wie sie.
F		
Ich kann mich nicht wertvoll fühlen, wenn meine Freunde mich mißbilligen.	ZENTRALE ÜBERZEUGUNG!	Ich brauche nicht vollkommen zu sein oder die Billigung von jemandem zu bekommen, um glücklich sein oder um mich als wertvoll fühlen zu können. Natürlich *wäre* es schön, wenn alles, was ich täte, über jeden Tadel erhaben wäre. Doch da niemand vollkommen ist, entscheide ich mich besser dafür, mich so oder so als wertvoll zu empfinden.

Einige häufig vorkommende zentrale Überzeugungen

Untersuchungen haben ergeben, daß eine Anzahl zentraler Überzeugungen, die der Psychologe Albert Ellis zusammengestellt hat, regelmäßig mit Selbstantipathie und Depression verbunden sind. Diese Überzeugungen verdienen unsere besondere Aufmerksamkeit, ebenso wie ihre rationalen Gegenstücke (Bourne 1992):

1. Zentrale Überzeugung: *Ich muß von allen, die ich für wichtig halte, geliebt oder gebilligt werden.*

    Rationale Reaktion: Ich möchte von den meisten Menschen geliebt oder gebilligt werden, und ich werde versuchen, auf respektvolle Weise zu handeln, damit sie dies tun werden. Es wird sich aber nicht vermeiden lassen, daß mich einige Menschen aus persönlichen Gründen nicht lieben oder akzeptieren. Das ist keine Katastrophe; schließlich kann ich mein Selbstwertgefühl nicht von den Launen anderer abhängig machen.

2. Zentrale Überzeugung: *Ich muß in allem, was ich tue, durch und durch kompetent und adäquat sein. Ich sollte nicht mit mir zufrieden sein, bis ich der Beste oder hervorragend bin.*

    Rationale Reaktion: Ich werde danach streben, *mein* Bestes zu geben, statt zu versuchen, *der* Beste zu sein. Ich kann es genießen, Dinge zu tun, auch wenn ich nicht besonders gut darin bin. Ich habe keine Angst davor, Dinge auszuprobieren, mit denen ich scheitern könnte. Ich bin fehlbar, und Fehler zu machen bedeutet nicht, daß ich ein miserabler Kerl bin. Vielmehr ist es mutig, Risiken einzugehen, und es ist auch notwendig, wenn ich wachsen und die Chancen nutzen will, die das Leben mir bietet.

3. Zentrale Überzeugung: *Wenn jemand gefährlich oder furchterregend werden kann, muß ich das sehr ernst nehmen und auf der Hut sein für den Fall, daß dies eintritt.*

    Rationale Reaktion: Wahrscheinlich ist es in meinem eigenen Interesse, mich mit dieser Sache zu konfrontieren und sie ungefährlicher zu machen. Ist das nicht möglich, werde ich mich nicht damit fertig machen. Meine Besorgnis wird das Befürchtete nicht verhindern. Selbst wenn es tatsächlich geschehen würde, könnte ich damit fertig werden.

4. Zentrale Überzeugung: *Es ist leichter, den Schwierigkeiten und Pflichten, mit denen man im Leben konfrontiert wird, aus dem Weg zu gehen, als sich mit ihnen auseinanderzusetzen.*

    Rationale Reaktion: Ich werde diese notwendigen Dinge tun, so wenig sie mir auch gefallen mögen. So ist das Leben nun einmal. Sich auszuruhen und Dinge zu vermeiden ist oft legitim, weil es Menschen in einem erfüllten Leben einen Augenblick der Ruhe verschafft, aber es ist kontraproduktiv, wenn es den größten Teil des Lebens eines Menschen ausmacht.

Bitte beachten Sie: Die letzten beiden irrationalen Überzeugungen betreffen die Art, wie wir mit Sorgen umgehen. Sie stehen im Einklang mit Untersuchungen, aus denen hervorgeht, daß Extreme ganz generell selbstschädigend wirken. Das heißt, daß obsessive Besorgnis und Leugnen/Vermeiden von Sorgen oft negative Folgen haben. Grundsätzlich hat der in der Mitte zwischen diesen Extrempunkten liegende Ansatz *effizienten* Sich-Sorgens die gesündesten Folgen: Konzentrieren Sie sich mit Hilfe eines Problemlösungsansatzes eine bestimmte Zeitspanne lang auf Ihre Sorgen. Sammeln Sie während eines Teils des Tages (einige Forscher empfehlen 30 Minuten) Fakten, denken Sie über Alternativen nach, akzeptieren Sie aufkommende Gefühle, äußern Sie sich schriftlich oder mündlich über Ihre Sorgen, und leiten Sie entsprechende adäquate Handlungen ein. Lassen Sie anschließend zu, daß Ihr Fokus zu den schönen und liebenswerten Seiten des Lebens wechselt.

Untersuchung unproduktiver zentraler Überzeugungen

Es folgt eine Liste häufig gehegter unproduktiver zentraler Überzeugungen. Markieren Sie die Punkte in der Liste, die bei Ihnen persönlich vorliegen, und versuchen Sie anschließend, sie zu widerlegen. Außerdem können Sie über neu entwickelte rationale Reaktionen mit einem vertrauten Freund oder mit einem Psychotherapeuten sprechen.

1. Es ist schlecht, gut über sich selbst zu denken.
2. Ich kann nur glücklich sein, wenn eine bestimmte Bedingung erfüllt ist – beispielsweise wenn ich Erfolg habe, zu Geld gekommen bin, Liebe empfinde, Billigung erfahre oder etwas Wichtiges erreicht habe.
3. Ich kann mich nur wertvoll fühlen, wenn eine bestimmte Voraussetzung erfüllt ist.
4. Ich habe ein Recht darauf, glücklich zu sein (oder Erfolg zu haben, gesund zu sein, Selbstachtung, Freude und Liebe zu empfinden), ohne daß ich dafür arbeiten muß.
5. Wenn ich eines Tages mein Glück gemacht habe, werde ich Freunde haben und mich amüsieren können.
6. Arbeit sollte immer hart und in irgendeiner Hinsicht unangenehm sein.
7. Freude erlebt man *nur* aufgrund harter Arbeit.
8. Ich bin unzulänglich.
9. Wenn ich mir Sorgen mache, garantiert das, daß ich darauf vorbereitet bin, mich mit Problemen auseinanderzusetzen und sie zu lösen. Deshalb ist es um so besser, wenn ich mir möglichst viele Sorgen mache. (Ständiges Sich-Sorgen trägt zur Vermeidung künftiger Fehler und Probleme bei und ermöglicht mir eine umfassendere Kontrolle.)

10. Das Leben sollte leicht und angenehm sein. Ich kann es nicht genießen, wenn es Probleme gibt.

11. Die Vergangenheit macht mich unglücklich. Es ist unmöglich, ihr zu entkommen.

12. Es gibt eine perfekte Lösung, und ich muß sie finden.

13. Wenn Menschen mich ablehnen (zurückweisen, kritisieren, schlecht behandeln), dann bedeutet dies, daß ich minderwertig, im Unrecht oder nicht gut bin.

14. Ich bin nur so gut wie die Arbeit, die ich tue. Wenn ich nicht produktiv bin, bin ich nicht gut.

15. Wenn ich mir genug Mühe gebe, werden alle mich mögen.

16. Wenn ich mich genug anstrenge, wird meine Zukunft glücklich sein, und ich werde keine Probleme haben.

17. Das Leben muß fair sein.

Beachten Sie, wie viele dieser zentralen Überzeugungen sich direkt auf die Selbstachtung auswirken! Und achten Sie darauf, wie viele davon eine äußere Bedingung zu einer Voraussetzung für das Empfinden von eigenem Wert und von Glück machen. Benutzen Sie eine Woche lang einmal am Tag die Frage-und-Antwort-Technik, um Ihre zentralen Überzeugungen zu finden. Benutzen Sie dabei vorher geschriebene Tagesprotokolle oder ein neu erstelltes tägliches Gedankenprotokoll.

6

Akzeptieren Sie die Wirklichkeit: »Trotzdem!«

Nachdem Sie sich die Fertigkeit, selbstschädigende Gedanken zu erkennen, angeeignet haben, sind Sie auf das Erlernen einer Fertigkeit vorbereitet, die unter denjenigen, die ihre Selbstachtung stärken wollen, besonders beliebt ist. Der Reiz dieser Fertigkeit besteht darin, daß sie uns hilft, die Realität anzuerkennen, und uns trotzdem die Möglichkeit läßt, uns bezüglich unseres essentiellen Selbst wohlzufühlen.

Schauen wir uns zunächst einige zentrale Punkte an:

1. Sich bezüglich bestimmter Ereignisse, Verhaltensweisen, Resultate oder anderer äußerer Phänomene schlecht zu fühlen kann angemessen sein (so wie es bei angemessenen Schuldgefühlen oder adäquater Enttäuschung der Fall ist). Dies ist etwas anderes als die ungesunde Tendenz, sich bezüglich des eigenen essentiellen Selbst schlecht zu fühlen (was an früherer Stelle in diesem Buch als Scham bezeichnet wurde).

2. Zu sagen: »Ich bin noch nicht optimal auf diese Arbeit vorbereitet«, ist etwas völlig anderes, als festzustellen: »Ich bin *als Person* nicht gut.« Sich wegen eines Mißerfolgs schlecht zu fühlen ist etwas völlig anderes, als zu erklären: »Ich bin ein Versager«, weil letzteres ein Urteil über die Essenz ist.

3. Es ist in Ordnung, wenn Sie über Ihr Verhalten und Ihre Fertigkeiten urteilen, jedoch nicht, wenn Ihre Urteile Ihren Kern, Ihre Essenz betreffen.

Die Trotzdem-Technik

Es geht also darum, mißliche äußere Zustände als solche anzuerkennen, ohne daß wir unser essentielles Selbst verurteilen. Menschen, die eine Antipathie gegen ihr Kern-Selbst haben, äußern oft »*Weil … deshalb*«-Gedanken. Ein Beispiel ist: »*Weil* (ein äußerer Zustand), *deshalb* bin ich als Person nicht gut.« Natürlich schadet solch ein Gedanke der Selbstachtung und/oder verhindert, daß sie sich entwickelt. Deshalb geht es uns darum, »*Weil … deshalb*«-Gedanken zu vermeiden.

Die *Trotzdem*-Technik ermöglicht eine realistische, optimistische und sofortige Reaktion auf unangenehme äußere Gegebenheiten – eine Reaktion, die das Selbstwertgefühl stärkt, indem es den essentiellen Wert vom Äußeren abgrenzt. Deshalb benutzen wir statt »*Weil … deshalb*«-Gedanken »*Obgleich … gilt trotzdem*«-Gedanken. Das sieht dann wie folgt aus:

Obgleich _____ gilt trotzdem _____
  (etwas Äußeres)   (eine Aussage über Wert)

Ein Beispiel: »*Obgleich* ich dieses Projekt verbockt habe, *gilt trotzdem,* daß ich ein wertvoller Mensch bin.«

Weitere Trotzdem-Aussagen lauten:

→ … gilt trotzdem, daß ich immer noch von großem Wert bin.
→ … gilt trotzdem, daß ich immer noch ein wichtiger und wertvoller Mensch bin.
→ … gilt trotzdem, daß mein Wert unendlich groß und unveränderlich ist.

Eine »Trotzdem«-Übung

Suchen Sie sich einen Übungspartner, und fordern Sie diesen auf, alles Negative zu äußern, was ihm in den Sinn kommt – auch Dinge, die gar nicht zutreffen. Beispielsweise:

→ Du hast alles verdorben!
→ Du hast eine komische Nase!
→ Du nuschelst beim Reden!
→ Du nervst mich!
→ Du bist ein großer Dummkopf!

Stellen Sie bei jeder dieser kritischen Äußerungen Ihr Ego ins Regal, und antworten Sie mit einer Aussage nach dem Muster »*Obgleich … gilt trotzdem*« (Howard 1992). Wahrscheinlich werden Sie einige Ihrer im Rahmen einer kognitiven Therapie entwickelten Fertigkeiten benutzen wollen. Beispielsweise könnten Sie, wenn jemand Sie als »Dummkopf« bezeichnet, antworten: »Obgleich ich mich manchmal wie ein Dummkopf *verhalte*, bin ich *trotzdem* …« Jack Canfield (1988) beschreibt ein ähnliches Verfahren, das sogar ein fünfjähriges Kind anwenden kann: »Was Sie auch tun oder sagen mögen, in jedem Fall bin ich trotzdem ein wertvoller Mensch.«

Arbeitsblatt für die Entwicklung der Trotzdem-Technik

Schritte

1. Wählen Sie für jeden der nächsten sechs Tage drei Ereignisse aus, die Ihre Selbstachtung untergraben könnten.

2. Entwickeln Sie in Reaktion auf jedes Ereignis eine »*Obgleich … gilt trotzdem*«-Aussage. Beschreiben Sie anschließend in der folgenden Tabelle das Ereignis oder die Situation, die Aussage, die Sie benutzt haben, und wie sich Auswahl und Anwendung dieser Aussage auf Ihre Gefühle ausgewirkt haben. Das schriftliche Protokollieren verstärkt die Fertigkeit.

Datum	Ereignis / Situation	benutzte Aussage	Effekt
Tag Eins			
1.			
2.			
3.			
Tag Zwei			
1.			
2.			
3.			
Tag Drei			
1.			
2.			
3.			
Tag Vier			
1.			
2.			
3.			
Tag Fünf			
1.			
2.			
3.			
Tag Sechs			
1.			
2.			
3.			

7

Beachten Sie Ihren essentiellen Wert

Denke an das, was du hast, statt an das, was dir fehlt. Wähle unter den Dingen, die du hast, die besten aus, und reflektiere darüber, wie eifrig du dich um sie bemüht hättest, wenn du sie nicht haben würdest.
— MARC AUREL

Dieses Kapitel soll Ihnen helfen, Ihren essentiellen Wert richtig zu sehen. Menschen mit einem schwachen Selbstwertgefühl neigen dazu, ihren Wert als sehr gering hinzustellen und ihn mit einem Charakterzug oder Verhalten in Verbindung zu bringen. Wie bereits erläutert, wird dadurch das Selbstwertgefühl gefährdet, wenn die Betreffenden den Charakterzug oder das Verhalten nicht zeigen. Im Gegensatz dazu fühlen sich Menschen mit einem starken Selbstwertgefühl ihres essentiellen Wertes sicher. Ihnen ist klar, daß viele positive Charakterzüge und Verhaltensweisen ihren Wert *ausdrücken* und an ihren Wert *erinnern*. Sie lassen sich nicht durch eine schlechte Leistung in einem bestimmten Bereich definieren. Wenn sie reifer werden, lernen sie, daß Menschen sich auf vielfältige und komplexe Weisen ausdrücken, und sie entdecken immer neue Möglichkeiten, ihren essentiellen Wert zum Ausdruck zu bringen.

Patricia Linville (1987), eine Psychologin von der Yale University, hat herausgefunden, daß das Selbstwertgefühl um so widerstandsfähiger gegen Streß ist, je komplexer die Selbstsicht eines Menschen ist. Beispielsweise erleidet jemand, der sich ausschließlich als Tennisspieler definiert, beim Verlieren eines Tennisspiels eher einen Zusammenbruch seines Selbstwertgefühls als ein Mensch, der mit zunehmendem Alter und wachsender Erfahrung gelernt hat, sich als ein Konglomerat vieler Charakterzüge zu sehen, die in den unterschiedlichsten Rollen zum Ausdruck gelangen.

Jeder Mensch gleicht einem Samenkorn von unermeßlichem Wert, das alle denkbaren Charakterzüge als Anlage, also in unentwickelter Form, enthält. Diese Anlagen können sich auf viele unterschiedliche Weisen entwickeln und zum Ausdruck gelangen. Beispielsweise bringen einige ihre Kreativität in künstlerischer Form zum Ausdruck, andere, indem sie Probleme lösen oder es schlicht schaffen zu überleben, und wieder andere durch die Art, wie Sie anderen Menschen helfen oder wie sie Mitgefühl zeigen. Bei einigen schlummern die kreativen Talente weitgehend, wenn auch nicht vollständig. Doch jeder Mensch verfügt in irgendeiner Form über eine kreative Anlage. Das gleiche gilt auch für jede andere positive Eigenschaft. Sogar ein Straftäter ist *manchmal* ehrlich. Sogar der Chef einer Gang kann hinsichtlich seiner Kommunikations- und Organisationsfähigkeiten ein hohes Maß an Kreativität zum Ausdruck bringen (obwohl solch ein Mensch, falls seine Selbstachtung intakt ist, seine Fähigkeiten vermutlich eher für konstruktive als für destruktive Ziele nutzt).

Man kann jeden Menschen als eine Art Porträt verstehen, dessen einzelne Aspekte sich in verschiedenen Stadien der Vollendung befinden. Bei dem einen Menschen ist ein bestimmter Bereich sehr stark entwickelt, und er spiegelt auf interessante Weise das Licht. Bei einem anderen ist kein Bereich besonders auffällig, doch mehrere sind *etwas* stärker entwickelt und bilden ein einzigartiges und interessantes Muster. Wir schauen uns jedes dieser Porträts mit den Augen eines Künstlers an und genießen die einzigartigen Muster und Möglichkeiten, die darin zum Ausdruck gelangen.

Bei der im folgenden beschriebenen Aktivität werden Sie realistischer und authentischer den Wert Ihres essentiellen Selbst erkennen und sehen, daß jener Kern sogar in diesem Augenblick auf Weisen zum Ausdruck gelangt, die Sie an Ihren Wert erinnern.

Persönlichkeitsmerkmale und ihre Deutung

Die im folgenden beschriebene Aktivität besteht aus drei Teilen. In Teil I werden einige Persönlichkeitsmerkmale aufgeführt, die Menschen charakterisieren. In Teil II können Sie die Eigenschaften erforschen, die für Sie persönlich besonders wichtig sind. In Teil III lernen Sie zu erkennen, wie Ihre Reaktionen auf einzigartige Weise Ihren essentiellen Wert demonstrieren.

Teil I: Persönlichkeitsmerkmale

Schätzen Sie jeden der im folgenden aufgelisteten Persönlichkeitsmerkmale mit einem Wert zwischen 0 und 10 ein, wobei 0 bedeutet, daß das betreffende Merkmal bei Ihnen nicht vorhanden ist (daß Sie es nie auch nur im geringsten Maße zeigen), und 10, daß das Merkmal bei Ihnen voll entwickelt und so deutlich zu erkennen ist, wie es nur sein kann. Versuchen Sie, so fair und genau wie möglich zu schätzen. Sie sollten also weder über- noch untertreiben. Machen Sie sich keine Sorgen, wenn Sie sich in einigen Punkten höher und in anderen niedriger einschätzen. Das ist normal. Es geht hier nicht um einen Wettbewerb. Hohe Schätzungen machen Sie nicht wertvoller. Vergessen Sie nie, daß der essentielle Wert von Anfang an existiert und bei allen Menschen gleich ist. Wir beschäftigen uns hier nur mit den einzigartigen Ausdrucksformen des Wertes im Augenblick.

Die ganze Übung ist nur von Nutzen, wenn sie so objektiv wie möglich ausgeführt wird. Vermeiden Sie Alles-oder-nichts-Denken und übertriebene Verallgemeinerungen.

Markieren Sie den Wert, der Ihnen als angemessen erscheint, mit einem Kreis:

	völliges Fehlen										voll entwickelt
Intelligenz/IQ	0	1	2	3	4	5	6	7	8	9	10
Charakter (Ethik, Ehrlichkeit, Moral, Fairneß usw.)	0	1	2	3	4	5	6	7	8	9	10
Kreativität/Problemlösungsfähigkeit	0	1	2	3	4	5	6	7	8	9	10
Urteil/Weisheit	0	1	2	3	4	5	6	7	8	9	10
Güte/Mitgefühl	0	1	2	3	4	5	6	7	8	9	10
Humor (zeigen oder schätzen)	0	1	2	3	4	5	6	7	8	9	10
Respekt/Achtung und Aufmerksamkeit anderen gegenüber	0	1	2	3	4	5	6	7	8	9	10
Aufmerksamkeit sich selbst gegenüber	0	1	2	3	4	5	6	7	8	9	10
Potential für Wachstum, Verbesserung, Veränderung	0	1	2	3	4	5	6	7	8	9	10

Teil II: Weitere Persönlichkeitsmerkmale

Notieren Sie hier fünf weitere Persönlichkeitsmerkmale, die beschreiben, wie Sie Ihr eigenes Wohlergehen und das Wohl anderer Menschen fördern. Dies wird Ihnen sicher nicht schwerfallen, wenn Sie bedenken, wie viele Eigenschaften Menschen haben. Denken Sie etwa an Benjamin Franklins Dreizehn Tugenden (Tamarin 1969) (Enthaltsamkeit, Schweigen, Ordnung, Entschlossenheit, Sparsamkeit, Fleiß, Aufrichtigkeit, Gerechtigkeit, Reinlichkeit, Gemütsruhe, Keuschheit und Demut), an das Pfadfindergesetz oder an andere Eigenschaften, über die Sie verfügen (z.B. Wertschätzung, Sensibilität, Liebe, Introspektion, Entschlossenheit, Ordnungsliebe, Wärme, Mut, Organisationsfähigkeit, Heiterkeit, Achtung vor Leben und Würde des Menschen, Verspieltheit, Sanftheit, Urteilsfähigkeit usw.). Im Normalfall verfügen Sie über diese Attribute nicht im Höchstmaß. Schätzen Sie dann wie in Teil I den Entwicklungsstand dieser Persönlichkeitsmerkmale ein.

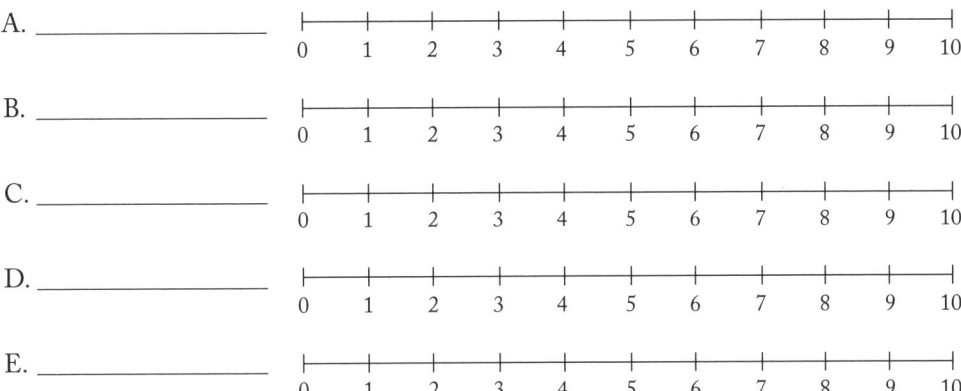

Teil III: Deutung

Weil Menschen so komplex und vielfältig sind, unterscheidet sich das Muster, das bei Ihnen durch die Ausführung dieser Übung zutage tritt, mit Sicherheit vom Muster jedes anderen Menschen, der die Übung ausführt. In einigen Bereichen liegt Ihr Wert wahrscheinlich höher, in anderen niedriger als bei anderen Menschen. Vermutlich werden Sie feststellen, daß die Werte Null und Zehn fehlen, denn diese Extreme treten nur äußerst selten auf.

Diese Übung legt ein komplexes und einzigartiges Porträt von Eigenschaften in verschiedenen Entwicklungsstadien frei. Das Resultat dieser Untersuchung ist eine größere Gewißheit hinsichtlich des eigenen essentiellen Wertes. Die Einschätzung mit Hilfe eines Zahlenwertes soll nicht zu Vergleichen mit anderen animieren, sondern zur Entwicklung eines umfassenderen Bildes. Das Resultat ähnelt einem klassischen Gemälde. Einige Farben sind hell, andere dunkel, und beide Arten von Eindrücken ergänzen einander. Insgesamt bilden sie ein unverwechselbares Ganzes. Wie verhält es sich mit niedrig bewerteten Bereichen? Man kann sie auf mindestens zwei Arten verstehen. Die eine besteht darin, sich selbst so zu schätzen, wie man einen wunderbaren Diamanten schätzt, obwohl er zwangsläufig auch Mängel aufweist. Oder sie verstehen die Eigenschaften mit niedrigeren Bewertungen als Bereiche mit dem größten Verbesserungspotential und freuen sich über die Herausforderung, die dies beinhaltet.

Bitte beantworten Sie folgende Fragen:

A. Wenn Sie sich Ihre Entscheidungen in den Teilen I und II der Übung noch einmal vor Augen führen, bei welchen Eigenschaften haben Sie dann die positivsten Gefühle?

B. Die Eigenschaften, die ich an mir an meisten schätze, sind _____ , weil …

C. Kommen wir noch einmal auf den Vergleich mit einem klassischen Gemälde zurück. Würde ein unparteiischer Beobachter das gesamte Porträt betrachten, wo würde dann für ihn »das Licht am hellsten leuchten«? Mit anderen Worten: Wenn jemand sich die Zeit nehmen würde, Sie so zu sehen, wie Sie im gegenwärtigen Augenblick tatsächlich sind, welche Bereiche würde der Betreffende dann wahrscheinlich am meisten schätzen oder genießen?

D. Durch diese Aktivität habe ich gelernt, daß …

8

Entwickeln Sie die Gewohnheit, den Kern bestärkende Gedanken zu kreieren

Wer sich akzeptiert, entwickelt deshalb keine Selbstzufriedenheit. Im Gegenteil gedeihen Güte, Respekt, Ermutigung, Unterstützung, entschiedene, aber fürsorgliche Disziplin ... Dies ist der Boden, auf dem Entwicklung möglich ist.

— ANONYMUS

Menschen sind fehlbar, ganz gleich, ob ihre Selbstachtung intakt ist oder nicht. In beiden Fällen machen Menschen Fehler und schaffen es nicht, ihre Ziele und Träume zu verwirklichen. Zu beiden Gruppen zählen attraktive und weniger attraktive Menschen sowie solche, die in ihrem Beruf, in der Schule, im Sport, in Beziehungen und in anderen Lebensbereichen erfolgreich sind, ebenso wie Menschen, bei denen dies nicht der Fall ist. Was unterscheidet die beiden Gruppen?

Wissenschaftliche Untersuchungen und klinische Erkenntnisse deuten darauf hin, daß Menschen mit intakter Selbstachtung anders über sich denken und mit Dingen umgehen als diejenigen mit geschädigter Selbstachtung oder sogar mit manifester Selbstantipathie. Beispielsweise hat man festgestellt, daß Menschen mit geschädigter Selbstachtung (ebenso wie sogenannte Typ-A-Persönlichkeiten und Menschen mit starker Prüfungsangst) bei Mißerfolgen sehr selbstkritisch sind und Gedanken haben wie: »Was ist nur mit mir nicht in Ordnung?«, »Ich hätte es besser wissen können!« und: »Warum bin ich nur so dämlich?« Solche selbstablehnenden Äußerungen schädigen das Selbstwertgefühl noch zusätzlich. Hingegen reagieren Menschen mit intakter Selbstachtung, sogenannte Typ-B-Persönlichkeiten und diejenigen, die kaum Probleme mit Prüfungsangst haben, auf eigene Mißerfolge verständnisvoller, und sie konzentrieren sich auf die Untersuchung äußerer Einflußfaktoren und Verhaltensweisen (z.B.: »Dieser Test war wirklich schwierig«, »Ich mußte in der Vorbereitungszeit zu viele andere Dinge erledigen«, »Ich habe mich einfach nicht gründlich genug vorbereitet – das werde ich beim nächsten Mal anders machen.«).

Solche Äußerungen stärken in belastenden Situationen das Selbstwertgefühl und ermöglichen es den Betroffenen, ihr Verhalten zu verbessern, ohne sich zu verurteilen.

Wenn Menschen sich auf die Aspekte konzentrieren, die bei ihnen »nicht in Ordnung« sind, empfinden sie sich als mit Mängeln behaftet und unzulänglich. Sie werden dann mutlos, verlieren die Motivation und müssen auf die Freude an ihrem essentiellen Wert verzichten. Wenn sie sich zur Weiterentwicklung antreiben, tun sie dies aufgrund perfektionistischer Ansprüche, getrieben und freudlos, was es für sie im Grunde noch schwieriger macht, erfolgreich zu sein (Burns 1980). Menschen mit intakter Selbstachtung hingegen sind sich darüber im klaren, daß ihr essentieller Kern so, wie er ist, in Ordnung ist, trotz aller ihrer Mängel und Unvollkommenheiten. Indem Sie sich auf das konzentrieren, was »in Ordnung« ist, motivieren Sie sich zum Wachstum – mit Hilfe der Karotte, nicht des Stocks.

Die kognitive Therapie arbeitet an der Auflösung der negativen Gedanken, die die Selbstachtung unterminieren. In der folgenden Übung lernen Sie, erhebende und selbstbestärkende Gedanken zur Stärkung und Erhaltung der Selbstachtung zu nutzen.

Die Nutzung von Gedanken, die die Selbstachtung stärken

Es folgt eine Liste von Aussagen, die im inneren Dialog von Menschen mit intakter Selbstachtung oft eine wichtige Rolle spielen. Setzen Sie sich mit den Aussagen jeweils einzeln sehr intensiv auseinander, indem Sie der anschließenden Übungsanleitung folgen:

1. Setze dich an einem ruhigen Ort auf einen bequemen Stuhl oder Sessel, wo du dich etwa zwanzig Minuten lang wohlfühlen kannst.

2. Schließe die Augen. Atme zweimal tief durch, und entspanne deinen Körper so tief und vollständig wie möglich. Bereite dich auf ein angenehmes Erlebnis vor, und erwarte dieses.

3. Öffne die Augen so lange, daß du die erste Aussage lesen kannst. Schließe sie dann wieder, und *konzentriere* dich auf die gelesene Aussage. Wiederhole die Aussage langsam dreimal, und lasse dich spüren, daß sie völlig zutreffend ist. Wenn du willst, kannst du dich in der Vorstellung in eine Situation versetzen, in der du diesen Gedanken tatsächlich denkst und an ihn glaubst. Benutze alle Sinne, um die Situation zu erleben.

4. Mache dir keine Sorgen, wenn du das Gefühl hast, daß eine der Aussagen auf deine eigene Situation (noch) nicht zutrifft. Verstehe dies alles einfach als geduldiges Bemühen, eine neue geistige Gewohnheit zu entwickeln. Lasse dich nicht durch negative oder pessimistische Gedanken ablenken, und lasse deine Fortschritte nicht dadurch unterminieren. Akzeptiere, was geschieht, ohne auf Perfektion zu beharren. Wenn du eine der Aussagen als nicht richtig empfindest, dann überschlage sie, und komme später

darauf zurück. Oder verändere sie so, daß du sie akzeptieren kannst. Dabei solltest du darauf achten, daß die Formulierung positiv bleibt.

5. Wiederhole Schritt drei für jede der aufgeführten Aussagen. Die gesamte Übung dauert etwa zwanzig Minuten.

6. Wiederhole diese Aktivität sechs Tage lang.

7. Stelle jeden Tag nach der Übung fest, wie du dich fühlst. Viele empfinden die Gedanken bei mehrmaligem Üben als immer angenehmer und erleben sie allmählich wie vertraute Freunde. Falls dir einige der Gedanken während der sechs Tage nicht vertraut werden, geschieht dies wahrscheinlich, wenn du dich ihnen am Ende des Programms noch einmal zuwendest.

Gedanken, die die Selbstachtung stärken und erhalten

1. Ich denke gut über mich, und das ist gut.

2. Ich akzeptiere mich, weil mir klar ist, daß ich mehr bin als meine Schwächen, Fehler und andere Äußerlichkeiten.

3. Kritik ist etwas Äußerliches. Ich beschäftige mich damit, um Möglichkeiten der Verbesserung zu finden, glaube aber nicht, daß Kritik meinen Wert als Mensch schmälert.

4. Ich kann mein Verhalten kritisieren, ohne meinen Wert als Mensch in Frage zu stellen.

5. Ich registriere und genieße jedes Anzeichen für Erfolg oder Fortschritt, so unbedeutend es mir selbst oder anderen auch erscheinen mag.

6. Ich freue mich über die Erfolge und Fortschritte anderer Menschen, ohne deshalb zu glauben, daß sie als Personen wertvoller sind als ich.

7. Ich bin generell in der Lage, gut zu leben und die Zeit, Mühe und Geduld aufzuwenden, die dazu ebenso erforderlich sind wie entsprechende Ausbildung und Hilfe.

8. Ich erwarte von anderen Menschen, daß sie mich mögen und respektieren. Wenn sie es nicht tun, ist das für mich auch in Ordnung.

9. In der Regel kann ich mir das Vertrauen und die Zuneigung anderer Menschen sichern, indem ich sie aufrichtig und respektvoll behandle. Wenn mir dies mit Hilfe dieses Verhaltens nicht gelingt, ist das für mich auch in Ordnung.

10. Im allgemeinen habe ich in Beziehungen und im Beruf ein gutes Urteilsvermögen.

11. Ich kann andere beeinflussen, indem ich meine wohlüberlegten Ansichten vortrage, die ich plausibel darstelle und effektiv vertrete.

12. Es macht mir Freude, anderen zu helfen, sich zu freuen.

13. Ich habe Freude an neuartigen Herausforderungen, und ich reagiere nicht aufgebracht, wenn nicht alles gleich von Anfang an problemlos verläuft.

14. Meine beruflichen Leistungen sind in der Regel gut, und ich erwarte, in Zukunft viele wertvolle Dinge zu tun.

15. Ich bin mir meiner Stärken bewußt und respektiere sie.

16. Über einige der lächerlichen Dinge, die ich manchmal tue, kann ich lachen.

17. Ich kann durch meinen Beitrag im Leben anderer Menschen Wichtiges bewirken.

18. Es macht mir Freude, wenn ich andere glücklich machen kann, und ich bin froh über die Zeit, die wir gemeinsam verbringen.

19. Ich halte mich für einen wertvollen Menschen.

20. Es gefällt mir, unverwechselbar zu sein. Ich bin froh über meine Einzigartigkeit.

21. Ich mag mich, ohne mich mit anderen zu vergleichen.

22. Ich fühle mich innerlich stabil und sicher, weil ich meinen essentiellen Wert mit Recht schätze.

9

Ein Überblick über den Aspekt »bedingungsloser menschlicher Wert«

Bisher haben wir uns mit einigen sehr wichtigen Ideen und Fertigkeiten beschäftigt, die mit dem ersten Grundbaustein der Selbstachtung zusammenhängen, *bedingungslosem menschlichem Wert*. Weil zukünftige Ideen und Fertigkeiten auf den drei Grundbausteinen aufbauen werden, ist es wichtig, innezuhalten und uns das bisher Gelernte noch einmal zu vergegenwärtigen.

Drei wichtige Ideen

1. Jeder Mensch ist von Geburt an von unendlichem, unveränderlichem und gleichem Wert.
2. Das Kern-Selbst ist von den Äußerlichkeiten getrennt. Äußerlichkeiten können den Kern verdecken oder ihn leuchten lassen, doch sein Wert ist beständig (d.h. unendlich).
3. Menschen bringen ihren Wert auf einzigartige Weisen und in unverwechselbaren Mustern zum Ausdruck, doch jeder Mensch ist in seinem Kern ganz und verfügt über die Anlagen zur Entwicklung aller erforderlichen Eigenschaften.

Vier Fertigkeiten, die Sie in diesem Teil erlernt haben

1. Ersetze negative, den Kern angreifende Gedanken (d.h. Verzerrungen).
2. Benutze die Fertigkeit des »*Obgleich ... gilt trotzdem*«.
3. Achte deinen essentiellen Wert.
4. Entwickle die Gewohnheit, den Kern bestärkende Gedanken zu denken.

Allgemeiner Rückblick

Es ist nützlich, die Ideen und Fertigkeiten, die Sie in den vorangegangenen Kapiteln erlernt haben, zu verstärken. Deshalb möchte ich Sie bitten, sich ein wenig Zeit zu nehmen, um die folgenden Aussagen zu vervollständigen. Vielleicht möchten Sie das bisher Gelesene noch einmal durchgehen, um sich ins Gedächtnis zu rufen, was Sie bisher getan haben.

→   Die Ideen, die für mich die größte Bedeutung hatten, sind …

→   Die Fertigkeiten, die ich am liebsten in Erinnerung behalten würde, sind …

Ich bin immer dankbar, wenn das Universum uns klärende Augenblicke und Einsichten schenkt. Den folgenden Ausspruch der frühen amerikanischen Frauenrechtlerin Elizabeth Cady Stanton fand ich am Bett eines Bed-and-Breakfast-Gasthauses:

Ich dachte, wenn ich den Jungen ebenbürtig sein wollte, müßte ich vor allem anderen gebildet und mutig sein. Deshalb beschloß ich, Griechisch zu studieren und ein Pferd zu zügeln.

Die Besitzerin jenes Bed-and-Breakfast-Gasthauses, eine wunderbare Frau, die sehr erfahren im Umgang mit Pferden war, bemerkte, daß ich den Spruch las, und sagte: »Ist das nicht ein wunderbarer Ausspruch?« Ich antwortete: »Ja, ich habe ihn mir abgeschrieben. Aber ich fühle mich etwas unwohl, wenn ich ihn lese.« Sie fragte: »Warum? Mir gefällt, wie das Zügeln eines Pferdes mir das Gefühl gibt, die Dinge im Griff zu haben.«

Daraufhin erwiderte ich: »Da muß ich Ihnen recht geben. Es ist eine gute Sache, gebildet und mutig zu sein. Aber die Voraussetzung, die diesem Spruch zugrunde liegt, ist völlig falsch: daß man etwas tun müsse, um einem anderen Menschen ebenbürtig oder gleichwertig sein zu können. Es ist gut, solche Dinge zu tun, weil es befriedigend ist, aber nicht, um irgend jemandem gleich zu sein. Das sind wir sowieso schon.«

Faktor II
Bedingungslose Liebe erleben

10

Die Grundlagen bedingungsloser Liebe

Wir haben bereits die Frage aufgeworfen, wie man auch bei Fehlen eines entsprechenden elterlichen Vorbildes das Selbstwertgefühl stärken kann. Bisher haben wir uns mit dem ersten Baustein oder Faktor der Selbstachtung beschäftigt, bedingungslosem Wert. Dabei geht es um das korrekte Erkennen des essentiellen Wertes. Insofern ist dieser Faktor mit der Kognition bzw. dem Intellekt verbunden.

Faktor II, bedingungslose Liebe, ist ein wunderbarer und sehr mächtiger Baustein, der hauptsächlich die Emotionen betrifft. Während es bei Faktor I hauptsächlich um den *realistischen* Teil der Definition der Selbstachtung geht, bezieht sich Faktor II in erster Linie auf den Teil der *Wertschätzung*. Wir werden uns nun mit diesem Faktor beschäftigen.

Im Gegensatz zum bedingungslosen Wert, einer Kognition – also etwas, worüber man nachdenkt –, ist Liebe etwas, das wir erleben. Zwar setzen sich Philosophen intellektuell mit der Liebe auseinander, doch erkennen Menschen die Liebe, wenn sie damit konfrontiert werden. Haben Sie jemals einen Menschen kennengelernt, der dazu nicht in der Lage war?

Wenn Mutter Teresa den Leidenden diente, geschah stets etwas Faszinierendes. Dabei war gleichgültig, ob es sich um einen Sterbenden in Kalkutta oder um ein gelähmtes Kind im Libanon handelte. Diese Menschen schauten in Mutter Teresas Augen und spürten die unermeßliche Liebe, die sie zum Ausdruck brachten. Wenn sie dies erlebten, konnten sie ihren Blick nicht mehr abwenden. Sie wurden ruhiger, und ihre Gesichtszüge entspannten sich. Dachten diese Menschen dann: »Hmm …, was ist das jetzt: Agape, Eros oder geschwisterliche Liebe?« Nein. Sie erkannten einfach die Liebe und reagierten auf sie. Aufgrund der Art, wie Mutter Teresa sie anschaute, mit ihnen sprach und sie berührte, spürten sie Liebe (Petrie & Petrie 1986).

Grundprinzipien

1. Jeder Mensch ist geschaffen worden, um zu lieben und geliebt zu werden, wie Mutter Teresa erklärte (Petrie & Petrie 1986).
2. Jeder Mensch braucht Bestätigung (d.h. Liebe), um sich wertvoll fühlen zu können. Das heißt, daß jeder eine Instanz braucht, die bestätigt, daß er geliebt und akzeptiert wird und von Wert ist. Der Psychologe Abraham Maslow (1968) hat gesagt: »Das Bedürfnis nach Liebe charakterisiert alle Menschen, die jemals geboren worden sind. ... Psychische Gesundheit ist nur möglich, wenn der essentielle Kern akzeptiert, geliebt und geachtet wird.« Liebe ist also ungeheuer wichtig. Wenn Sie keine Liebe von anderen empfangen haben, ist es wichtig, daß Sie sich selbst Liebe geben.

Was ist Liebe?

Ein klares Verständnis der Natur der Liebe, des zweiten Faktors der Selbstachtung, ist sehr wichtig. Liebe ist:

1. Ein *Gefühl*, das Sie *erleben*. Man erkennt es, wenn man es sieht.
2. Eine *Haltung*. Liebe will für die geliebte Person in jedem Augenblick das Bestmögliche. (Denken Sie bitte daran: Liebe zu anderen Menschen und Liebe zu uns selbst schließen einander nicht aus. Im Idealfall schließt die Haltung des Liebens beide Beteiligten ein.)
3. Eine *Entscheidung*, die Sie jeden Tag treffen, und eine Verpflichtung, die Sie täglich eingehen können. Manchmal müssen Sie sich dazu durchringen, was allerdings mitunter schwierig sein kann.
4. Eine *Fertigkeit*, die entwickelt wird.

Einige nehmen fälschlich an, daß Liebe und mit ihr verbundene Gefühle wie Wertschätzung, Akzeptieren und Zuneigung nichts weiter als Gefühle sind, die wir entweder haben oder nicht haben. Zwar kann jeder erkennen, was Liebe ist, und auf sie reagieren, doch ist Lieben etwas, das wir zu tun lernen.

Fernsehstar Fred Rogers demonstrierte täglich bedingungslose Liebe, indem er Kindern die Botschaft vermittelte: »Ich liebe euch so, wie ihr seid.« Er sang den im folgenden wiedergegebenen Liedtext (Rogers 1970). Achten Sie auf die darin enthaltenen Botschaften über die Trennung des essentiellen Wertes von Äußerlichkeiten und über die Sympathie für den essentiellen Kern:

It's you I like,	Ich mag dich,
It's not the things you wear,	nicht die Kleidung, die du trägst,
It's not the way you do your hair –	nicht die Art, wie du dich frisierst –
But it's you I like,	sondern ich mag dich,
The way you are right now,	so wie du jetzt bist,
The way down deep inside you –	was du tief innen bist –
Not the things that hide you.	nicht die Dinge, die dich verbergen.

Fred Rogers war als Kind kränklich gewesen und hatte sich während der Ambrosiablüte nur in einem einzigen Raum seines Elternhauses aufhalten können, in dem es eine Klimaanlage gab. Im Alter von acht Jahren hatte er die Farm seines Großvaters besucht, und es hatte ihm große Freude gemacht, an den steinernen Grenzmauern der Farm zu spielen. Später hatte sein Großvater zu ihm gesagt: »Fred, du hast diesen Tag zu einem ganz besonderen Tag gemacht, weil du so warst, wie du bist. Vergiß nie, daß es auf der ganzen Welt nur einen einzigen Menschen wie dich gibt, und ich mag dich so, wie du bist.« (Sharapan 1992)

Diese Geschichte veranschaulicht, daß wir alle auf den Schultern derjenigen stehen, die uns vorangegangen sind, und daß man *bedingungsloses Lieben lernt*.

Zwei Geschichten über Liebe

Es ist leichter, Liebe zu erkennen, als sie zu definieren. Die folgenden beiden Geschichten zeigen sehr treffend, worum es dabei geht.

Liebe findet ihren Weg

Als der siebzigjährige Bernie Meyers aus Wilmette, Illinois, plötzlich an Krebs starb, konnte seine zehnjährige Enkelin Sarah Meyers sich nicht mehr von ihm verabschieden. Wochenlang äußerte Sarah sich kaum darüber, wie sie sich fühlte. Doch eines Tages kam sie von der Geburtstagsparty eines Freundes mit einem leuchtendroten Heliumballon zurück. Ihre Mutter erinnerte sich: »Sie ging ins Haus, kam mit dem Ballon zurück und trug einen Briefumschlag mit der Aufschrift »An Opa Bernie, im Himmel«.

In dem Umschlag befand sich ein Brief, in dem Sarah ihrem Großvater geschrieben hatte, sie liebe ihn und hoffe, er sei auf irgendeine Weise in der Lage, sie zu hören. Auf den Umschlag hatte sie auch ihre Adresse geschrieben. Sie befestigte den Brief an dem Ballon und ließ ihn dann fliegen. »Der Ballon kam mir so zerbrechlich vor«, erinnerte sich ihre Mutter. »Ich glaubte nicht, daß er es über die Bäume hinaus schaffen würde. Aber er schaffte es.«

Zwei Monate vergingen. Dann traf eines Tages ein Brief an die »Familie von Sarah Meyers« mit einem Stempel aus York, Pennsylvania, ein.

> Liebe Sarah nebst Familie und Freunden: Dein Brief an Opa Bernie Meyers hat offenbar sein Ziel erreicht, und er hat ihn gelesen. Nach meinen Informationen können sie materielle Dinge dort oben nicht behalten; deshalb ist der Brief zur Erde zurückgekommen. Sie behalten nur Gedanken, Erinnerungen, Liebe und dergleichen. Sarah, immer wenn du an deinen Opa denkst, weiß er das und ist dir mit seiner großen Liebe sehr nahe. Mit freundlichem Gruß, Don Kopp (auch ein Opa).

Kopp, ein dreiundsechzig Jahre alter pensionierter Portier, hatte den Brief und den ziemlich zusammengeschrumpften Ballon im Nordosten von Pennsylvania bei der Jagd gefunden – fast 1 000 Kilometer von Wilmette entfernt. Der Ballon war über mindestens drei Bundesstaaten und über einen der großen Seen geflogen, bevor er sich auf einem Blaubeerbusch niedergelassen hatte.

»Obwohl ich ein paar Tage brauchte, um darüber nachzudenken, was ich schreiben könnte«, erklärte Kopp, »war es mir wichtig, Sarah zu antworten.«

Sarah erklärte: »Ich wollte einfach irgendwie etwas von Opa hören. Und ich denke, in einem gewissen Sinne *habe* ich von ihm gehört.«

— BOB GREENE in der *Chicago Tribune* (1990)

Etwas über die Liebe lernen: Eine Geschichte über Mutter Teresa

Meine eigene Mutter war tagsüber immer sehr beschäftigt, aber wenn der Abend kam, bereitete sie sich so rasch wie möglich auf das Wiedersehen mit meinem Vater vor. Damals verstanden wir das nicht. Wir lachten über ihren Eifer und neckten sie sogar deswegen. Doch heute erinnere ich mich, was für eine ungeheure Liebe sie für ihn empfand. Es spielte keine Rolle, was am betreffenden Tag geschehen war; sie machte sich bereit und trat ihm mit einem Lächeln entgegen (Hunt 1987).

Quellen der Liebe

Liebe können wir aus mindestens drei Quellen empfangen: von unseren Eltern, von uns selbst und von wichtigen Bezugspersonen. Theologen fügen dem noch eine wichtige vierte Quelle hinzu: die göttliche Liebe. Die meisten Religionen lehren, daß Gottes Liebe bedingungslos ist, ein Geschenk der Gnade, stets erreichbar und die sicherste Grundlage für Wachstum. Diese spirituelle Grundlage kann äußerst nützlich sein. Allerdings geht eine gründliche Beschäftigung mit der Liebe Gottes über die Thematik dieses Buches hinaus.

Eltern

Eltern sind eine ideale Quelle bedingungsloser Liebe. So schön es sein mag, wenn Sie von Ihren Eltern bedingungslose Liebe empfangen haben, sind Eltern doch fehlbare Menschen, und ihre Liebe ist unvollkommen. Kinder empfangen von ihren Eltern praktisch nie bedingungslose Liebe. Es ist sinnlos, Zeit damit zu vertun, über die Liebe, die Sie in der Vergangenheit nicht erhalten haben, zu trauern. Wie bereits früher in diesem Buch erwähnt wurde, bewirken Schuldzuweisungen, daß Sie auf die Vergangenheit fixiert bleiben, und sie tragen dazu bei, daß Sie sich als hilfloses Opfer fühlen.

Wir selbst

Wenn Sie von anderen Menschen keine Liebe erhalten haben, werden Sie sich vielleicht fragen: »Wie kann ich nur die Liebe bekommen, die ich brauche, um mich vollständig entwickeln zu können?« Wir werden bald sehen, daß man sich diese notwendige Liebe auf vielfältige Weisen verschaffen kann.

Wichtige Bezugspersonen

Die Liebe wichtiger Bezugspersonen, beispielsweise von Freunden, Partnern oder Verwandten, wird hier bewußt als letzte Option aufgeführt. Es ist schön, wenn wir von anderen Menschen Liebe empfangen; aber hierfür gilt das gleiche wie für die Eltern: Andere Menschen werden uns nie vollkommene, bedingungslose Liebe geben. In den Reaktionen anderer erleben wir eher eine Spiegelung dessen, wie sie sich bezüglich ihrer selbst fühlen, als eine Spiegelung unseres eigenen essentiellen Werts. Wenn Menschen keine realistische, von Selbst-Wertschätzung geprägte Meinung über sich selbst haben, wenden sie sich oft an andere Menschen, um die Anerkennung für ihren Kern zu erhalten, die ihnen fehlt und nach der sie sich so sehr sehnen. Manchmal klammern sie sich dann so intensiv an andere, daß sie diese fast ersticken und sie emotional auslaugen. Wenn ihre Unsicherheit so stark ist, daß andere Menschen dadurch vertrieben werden, leiden sie unter der so zum Ausdruck kommenden Ablehnung gewaltig. Doch selbst wenn es ihnen gelingt, sich die Achtung anderer zu sichern, ist und bleibt es die Achtung *anderer*, ist also keine *Selbst*achtung. Die Achtung anderer ist kein Ersatz für die innere Sicherheit, die eine intakte Selbstachtung einem Menschen gibt.

Insofern ist es ratsam, zuerst die Quelle der Liebe zu nutzen, auf die Sie sich verlassen können: die Quelle, die Sie selbst sind. Bevor wir untersuchen, wie wir auf förderliche Weise zu Liebe gelangen können, werden wir uns noch mit einigen weiteren wichtigen Voraussetzungen bezüglich der Liebe befassen.

Weitere Voraussetzungen bezüglich der Liebe

Ebenso wie Wert muß auch Liebe bedingungslos sein, durch zeitweilige Mißerfolge nicht zu erschüttern und unabhängig von täglichen Selbstbeurteilungen. Von dieser Ausgangsbasis ausgehend, könnte man zu sich selbst sagen: »Obwohl meine Leistungen schlecht sind, liebe ich mich.«

Liebe bewirkt auch, daß Sie sich wie ein Jemand *fühlen*. Sie definiert Sie nicht und verleiht Ihnen keinen Wert, sondern hilft Ihnen nur, sie zu realisieren, zu erleben und zu schätzen. Vielleicht haben Sie schon einmal jenes schöne alte Lied der Mills Brothers (1983), *»You're Nobody Till Somebody Loves You«* (»Du bist ein Niemand, bis dich jemand liebt«), gehört. Ohne diesen wundervollen Sänger kritisieren zu wollen, möchte ich doch einwenden, daß es vielleicht besser wäre, wenn es in jenem Titel hieße: »Du bist immer ein Jemand, und Liebe hilft dir, dies zu *erkennen*!«

Und schließlich ist Liebe die Grundlage des Wachstums. Umgekehrt ist dies so gut wie nie der Fall. Deshalb können besondere Leistungen oder übertriebene Bemühungen die schmerzhafte Leere des Mangels an Liebe zum essentiellen Selbst in der Regel nicht ausgleichen. Ted Turner, Gloria Steinem und der Astronaut Buzz Aldren sind Menschen, die in ihrem Leben Hervorragendes geleistet haben, aber später erkannten, daß ihnen *innerlich* etwas fehlte. Dieses Etwas ist ein echtes Gefühl der Zuneigung dem essentiellen Selbst gegenüber. Diese Zuneigung ist der Boden menschlichen Wachstums und zugleich das Klima, auf dem dieses Wachstum stattfinden kann.

Verschiedene Autoren haben die Auffassung vertreten, Menschen könnten andere nicht lieben, solange sie nicht in der Lage seien, sich selbst zu lieben. Nicht einmal die echte, reife Liebe eines anderen Menschen sei in der Lage, Selbstantipathie aufzulösen. Allerdings frage ich mich, ob das nicht vielleicht doch eine Übertreibung ist. Ich bin der Meinung, daß die echte, reife Liebe anderer die Selbstsicht eines Menschen verändern kann und dies tatsächlich tut. Nur kann man sich auf die Liebe anderer nicht immer verlassen. Falls man das Glück hat, diese Liebe zu finden, *garantiert* trotzdem nichts, daß die Liebe eines anderen Menschen unsere Selbstantipathie verändert. Wir werden also ein weiteres Mal auf den einzigen Bereich zurückverwiesen, für den ein Mensch die volle Verantwortung übernehmen kann: für sich selbst.

Dr. Joseph Michelottis (1991) Eltern waren Einwanderer, die von einem kleinen italienischen Bauernhof kamen und sechs Kinder aufzogen, welche Ärzte, Rechtsanwälte und Physiker wurden. Die Kinder wurden sehr liebevoll aufgezogen. Insbesondere Michelottis Mutter war sich offenbar über den Wert des essentiellen Selbst im klaren. Über das Sterben sagte sie einmal: »Gott hat dir dein ›bestes Selbst‹ zurückgegeben … So werde ich im Himmel aussehen.« Sie sagte zu ihrem Mann: »Du brauchst mir zum Geburtstag kein Geschenk zu kaufen. Schreibe mir statt dessen einen Brief über dich. Erzähle mir von deinem Leben. Machst du dir wegen irgend etwas Sorgen? Bist du glücklich?« In seiner

High-school-Zeit versuchte Joseph zu verhindern, daß seine Eltern zu einer Aufführung von *The Music Man* kamen, bei der er im Orchester mitspielte. Er hielt seine Rolle bei dieser Aufführung für unwichtig. Daraufhin antwortete seine Mutter: »Unsinn! Natürlich kommen wir, und zwar, weil du mitspielst.« Die ganze Familie besuchte die Vorstellung. Starke Liebe, Ermutigung und Erwartungen bezüglich dessen, daß sich die Situation der Menschheit bessern wird ... dies alles ist ein ausgezeichnetes Rezept zur Stärkung des Selbstwertgefühls. Wenn Sie diese Gaben nicht von Ihren nächsten Angehörigen erhalten haben, sollten Sie in der Lage sein, sie sich selbst zu geben.

Reflexionen über die Liebe

Denken Sie, bevor Sie sich dem nächsten Kapitel zuwenden, über folgende Äußerungen zur Liebe von Mutter Teresa und Henry Winkler nach:

Jeder Mensch ist geschaffen worden, um zu lieben und geliebt zu werden.

Es gibt einen Hunger, der größer ist als der Hunger nach Brot ... der Hunger nach Liebe.

Tue kleine Dinge mit großer Liebe. Es geht nicht darum, wieviel wir tun, sondern darum, wieviel Liebe wir in unser Tun investieren. Es geht nicht darum, wieviel wir geben, sondern darum, wieviel Liebe wir beim Geben zum Ausdruck bringen.

— MUTTER TERESA

Zunächst ist ein Mensch dafür verantwortlich, sich selbst die Hand zu schütteln.

— HENRY WINKLER

11

Das essentielle Selbst finden, lieben und heilen

*Wenn du keine liebevollen Eltern gehabt hast, solltest du lernen,
dir selbst ein liebender Vater oder eine liebende Mutter zu sein.*

— Anonymus

Im Leben geht es nicht um Podeste und Macht, sondern um die Liebe. Wie Mutter Teresa sagte, wurde jeder Mensch geschaffen, um zu lieben und geliebt zu werden. Die Liebe ist es, die heilt, nicht der Intellekt, obwohl das Denken den Heilungsprozeß fördert.

In einem gewissen Sinne ist Liebe die Grundlage eines adäquaten Umgangs mit Streß, weil sie die Grundlage der psychischen Gesundheit und der Selbstachtung ist. Adäquater Umgang mit Streß ist im Grunde das gleiche wie ein adäquater Umgang mit dem Leben. Wenn Menschen beigebracht wird, mit Streß fertig zu werden, lernen sie gewöhnlich, mit der Gegenwart zurechtzukommen. Dabei wird jedoch die Kraft, die durch die Heilung der Vergangenheit entsteht und die uns hilft, die Gegenwart zu genießen, häufig vergessen. Neuere Untersuchungen (Pennebaker 1997; Borkovec, Wilkinson, Folensbee *et al.* 1983) weisen darauf hin, daß schriftliche Äußerungen über frühere und aktuelle Sorgen sich sehr positiv auf die Stimmungslage und das Immunsystem auswirken.

Mittlerweile gibt es verschiedene Theorien zur Erklärung dieser Resultate. Einige glauben, aufgestaute Sorgen oder Traumata würden durch ihren schriftlichen Ausdruck neutralisiert oder aufgelöst, und dies habe eine erhebliche Entlastung zur Folge. Andere sind der Auffassung, daß sich Menschen von ihren Sorgen distanzieren können, wenn sie sich schriftlich darüber äußern, daß sie dadurch lernen, diese Dinge objektiver oder verhältnismäßiger zu sehen, und daß sie dadurch manchmal sogar Lösungen zu Problemen finden. Nach meiner Meinung ist der schriftliche Ausdruck von Sorgen noch aus einem anderen Grund heilsam: Wenn wir uns schriftlich über unsere Gefühle äußern, bringen wir dadurch unsere Anerkennung und Wertschätzung für Gefühle zum Ausdruck, die von Scham getriebene Menschen (d. h. Menschen, die ein schlechtes Verhältnis zu ihrem essentiellen Kern haben) gewöhnlich leugnen. Sich schriftlich über die eigenen Gefühle zu äußern ist eine Art, sich selbst zu lieben.

Liebe heilt das Kind in uns

In uns allen ist ein Licht … ein Kern des Friedens, der Ganzheit, der Freude, der Gutheit, des angeborenen Wertes und der Gefühle / Emotionen, die positiv sind und uns zu Menschen machen. Dieser essentielle Kern wird manchmal als »inneres Kind« bezeichnet. Das innere Kind verfügt über die Anlagen für die Entwicklung aller Eigenschaften, die es braucht, sowie über die angeborene Tendenz, zu wachsen und sich zu kultivieren.

Im Laufe der Zeit jedoch trennen wir uns gewöhnlich – mehr oder weniger – von unserem inneren Kind oder spalten uns von ihm ab. Wie es dazu kommt, wissen wir sehr genau: durch Mißbrauch / Mißhandlungen, Verlassenwerden, Kritik und / oder Vernachlässigung in Verbindung mit persönlichen Mängeln und Entscheidungen. Alle diese Phänomene bringen Menschen zu der Überzeugung, daß sie als Individuen unzulänglich und mit Mängeln behaftet sind. Sie glauben nicht, daß sie Fehler *machen*, sondern daß sie ihrem Wesen nach Fehler *sind* – in ihrem Kern schlecht. So wird das innere Kind verdeckt, zurückgewiesen, abgelehnt, abgespalten oder abgetrennt. Dies ist die Wurzel der Selbstantipathie und aller auf Schamgefühlen basierenden Verhaltensweisen, die bei so vielen streßbedingten Störungen eine Rolle spielen.

Die Wahrheit jedoch ist, daß das innere Kind – auch wenn es geschunden, verborgen und abgespalten wird – unbeschadet überlebt. Das Kind, daß Sie einmal waren, sind Sie immer noch (Leman & Carlson 1989). Unser Ziel ist Heilung, Integration, Ganzheit und Wiedervereinigung unseres gegenwärtigen Bewußtseins mit unserem inneren Kern des Lichts. Die Heilmethode, durch die wir dieses Ziel erreichen können, ist schlicht und einfach Liebe. Menschen, die in den helfenden Berufen tätig sind, mögen es anders nennen, aber es ist trotzdem Liebe. Liebe heilt und ist die Grundlage jeden Wachstums. Obwohl der Erwachsene sich von den Gesetzen der Logik leiten läßt, hungert das innere Kind in unserem Kern nach Liebe und brüllt so lange, bis sein Hunger gestillt ist.

Erwachsene verstehen diesen Prozeß sehr gut. In einem meiner Streßbewältigungskurse setzen wir uns mit den verschiedenen Arten elterlichen Verhaltens und ihrer Beziehung zu Streß auseinander. Ich frage gewöhnlich, ob einer der Teilnehmer perfekte Eltern gehabt hat. Daraufhin wird meist gelacht, und ich frage weiter, ob irgend jemand Eltern hatte, die der Perfektion relativ nahe kamen. Die Gesichter derjenigen, die sich daraufhin zu Wort melden, zeigen gewöhnlich eine gewisse Freude, wenn sie berichten, wie in ihrer Familie Gefühle ausgedrückt und respektiert wurden und wie sie großzügig Zeit und Zuneigung erhielten. Meist kommen diese Teilnehmer in ihrem Leben und in ihrer Ausbildung gut zurecht und werden nicht von Neurosen getrieben. Im Gegensatz dazu erleben diejenigen, deren Bedürfnis nach Liebe noch nicht erfüllt wurde, eher Unsicherheit, freudloses Streben, Zuwendungsbedürftigkeit, Wut und Statussorgen.

Korrigierende Erlebnisse heilen frühe Verletzungen

Können Erwachsene das »Loch in der Seele« heilen, wenn sie in ihrer Entwicklungszeit zuwenig Liebe bekommen haben? Die Antwort lautet ja. Eine Methode, die dies zum Ziel hat, stammt aus der Literatur über Alkoholismus und über dysfunktionale Familien. Der Ansatz nutzt die Imagination, wobei der Affekt mit dem Verstand verbunden wird. Bei vielen Menschen, die keine ideale Kindheit erlebt haben, können korrigierende Erlebnisse die Nachwirkungen der Vergangenheit so ausgleichen, daß sie unbeschwerter in die Zukunft blicken können (Alexander 1932). Es folgen Anleitungen zu zwei korrigierenden Erlebnissen, die sich an Beispielen aus Publikationen von John Bradshaw (1988) und Pam Levin (1988) orientieren.

Korrigierendes Erlebnis Nr. 1: Finde und liebe das essentielle Selbst

Sinn und Zweck dieser aus fünf Schritten bestehenden Übung ist, Ihr essentielles Selbst oder Ihr inneres Kind zu finden und zu lieben.

1. Schreibe dir die Namen deiner engsten Freunde, Verwandten und/oder Geliebten auf; die Namen von Menschen, deren Gegenwart du als gut und positiv empfunden hast oder noch empfindest; von Menschen, in deren Gegenwart du dich geborgen, sicher, akzeptiert und geliebt fühlst. Suche zunächst nach Paaren, anschließend nach Einzelnen (z.B. Freunden, Kollegen, Lehrern).

2. Suche dir einen Ort, an dem du bequem und ruhig sitzen kannst und zirka fünfzehn Minuten lang nicht gestört wirst.

3. Atme zweimal sehr tief, und sprich beim Ausatmen das Wort »entspannen«.

4. Stelle dir vor, du bist als kleines Kind von liebenden Menschen umgeben. Das können liebevolle einzelne sein, die du zuvor identifiziert hast, oder zwei warmherzige, liebevolle Erwachsene, ein Mann und eine Frau. Du kannst dir diese Eltern so vorstellen, wie du deine Eltern gern gehabt hättest. Vielleicht stellst du dir auch Kombinationen von realen Menschen vor, die du tatsächlich gekannt und geliebt hast und die dir das Gefühl vermittelt haben, ein Jemand zu sein – eine Person von Wert.

5. Als Kind mußtest du die folgenden Sätze hören. Stelle dir vor, daß du die folgenden Aussagen abwechselnd von einer männlichen und einer weiblichen Stimme hörst.

   → Wir sind so froh, daß du da bist.
   → Willkommen in der Welt.

→ Willkommen in deiner Familie und in deinem Zuhause.

→ Wir sind so froh, daß du ein Junge (oder ein Mädchen) bist.

→ Du bist wunderbar.

→ Alle unsere Kinder sind wunderschön.

→ Wir wollen in deiner Nähe sein, dich halten und dich lieben.

→ Manchmal wirst du Freude erleben und lachen, manchmal wirst du traurig sein, Schmerz und Wut empfinden oder Sorgen haben. Alle diese Gefühle sind für uns okay.

→ Wir werden für dich da sein.

→ Wir werden dir soviel Zeit geben, wie du zur Erfüllung deiner Bedürfnisse brauchst.

→ Es ist okay, umherzuwandern, eigene Wege zu gehen, zu forschen und zu experimentieren.

→ Wir werden dich nicht verlassen.

Stelle dir vor, daß diejenigen, die diese Worte aussprechen, dich wiegen, lieben und dich mit Augen der Liebe sanft anschauen, während du auf diese Gefühle reagierst.

Übe zwei aufeinanderfolgende Tage lang, diese inneren Bilder aufzubauen, bevor du dich dem nächsten korrigierenden Erlebnis zuwendest.

Korrigierendes Erlebnis Nr. 2: Umarmen des verschollenen inneren Kindes

Suchen Sie sich auch hierfür einen Ort, an dem Sie mindestens fünfzehn Minuten lang ungestört nachdenken können. Werden Sie sich Ihres Atmens bewußt, und registrieren Sie das Einströmen der Luft beim Einatmen und das Ausströmen beim Ausatmen. Achten Sie auf die unterschiedlichen Eindrücke, die die Luft beim Ein- und Ausatmen erzeugt. Konzentrieren Sie sich auf diesen Unterschied. Und nun stellen Sie sich folgendes vor, wobei Sie je nach Situation männliche oder weibliche Pronomen benutzen:

Du gehst eine lange Treppe hinab. Gehe langsam die Stufen hinunter, und zähle dabei von zehn bis eins. Wenn du das untere Ende der Treppe erreicht hast, wende dich nach links, und gehe einen langen Flur entlang, der rechts und links von Türen gesäumt ist. Auf jeder dieser Türen befindet sich ein farbiges Symbol. Du schaust zum Ende des Flurs und siehst dort ein Kraftfeld aus Licht. Durchschreite das Licht, und kehre wie durch einen Zeittunnel in die Straße zurück, wo du bis zu deinem siebten Lebensjahr gewohnt hast. Gehe jene Straße entlang bis zum Haus deiner Familie. Schaue es dir an. Achte auf das Dach, die Farbe des Hauses und die Fenster und Türen. Du siehst ein kleines Kind aus der Eingangstür kommen. Was hat es an? Welche Farbe haben seine Schuhe?

Gehe zu dem Kind, und erkläre ihm, daß du aus der Zukunft kommst. Sage ihm, daß du besser als jeder andere weißt, was es durchgemacht hat – daß es gelitten hat, im Stich gelassen worden ist und sich nun schämt. Sage ihm, daß du unter all den Menschen, die es jemals kennenlernen wird, der einzige bist, der es nie verlassen wird. Frage nun weiter, ob es bereit ist, mit dir nach Hause zu gehen. Wenn nicht, dann sage ihm, daß du es morgen erneut besuchen wirst. Wenn es bereit ist, mit dir zu gehen, dann nimm seine Hand, und beginne wegzugehen. Spüre die Wärme und die Freude jener winzigen Hand und des Zusammenseins mit diesem Menschlein. Während du davongehst, siehst du deine Mutter und deinen Vater vor das Haus treten. Winke ihnen zum Abschied zu. Schaue über deine Schulter, während du davongehst und deine Eltern immer kleiner werden siehst, bis sie schließlich völlig verschwinden.

Biege um die Ecke, und sieh deine Höhere Macht und deine engsten Freunde, die auf dich warten. Umarme alle deine Freunde, und lasse deine Höhere Macht in dein Herz ein. Sieh, wie sie alle das Kind freudig umarmen. Umarme selbst dein inneres Kind, und spüre, wie es auch dich herzlich umarmt. Halte dein Kind an der Hand, und lasse es zur Größe deiner Hand zusammenschrumpfen. Oder umarme das Kind, und spüre, wie es sich mit dir vereint und dich mit Freude, Hoffnung und Potential erfüllt. Sage ihm, daß du ihm einen Platz in deinem Herzen gibst, damit es immer bei dir sein kann. Versprich ihm, daß du dir jeden Tag fünf Minuten Zeit nehmen wirst, um mit ihm zusammen zu sein. Lege dafür einen ganz bestimmten Zeitpunkt fest, und halte dich an diesen Termin.

Stelle dir als nächstes vor, daß du dich an einen wunderschönen Ort in der Natur begibst. Stelle dich in die Mitte dieses Ortes, und denke über das soeben Erlebte nach. Vergegenwärtige dir, daß du mit der Höheren Macht in deinem Inneren und mit allen Dingen kommunizierst. Schaue nun zum Himmel auf, und sieh, wie die tiefweißen Wolken die Zahl 5 bilden. Dann wird die 5 zu einer 4, und du wirst dir deiner Füße und Beine bewußt. Die 4 wird zu einer 3, und du spürst das Leben in deinem Bauch und in deinen Armen. Dann wird die 3 zu einer 2, und du spürst das Leben in deinen Händen, in deinem Gesicht und in deinem ganzen Körper. Werde dir dessen bewußt, daß du bald völlig wach sein wirst – und in der Lage, alle Dinge mit deinem völlig wachen Gcist zu tun. Sieh die 2 zur 1 werden, und wache völlig auf. Bewahre dieses Erlebnis in deinem Gedächtnis.

Besorgen Sie sich möglichst ein Foto, auf dem Sie als kleines Kind abgebildet sind, damit Sie sich das Kind in Ihrem Inneren stets vergegenwärtigen können. Führen Sie diese Imaginationsübung an zwei aufeinanderfolgenden Tagen aus.

Ich fordere Studenten oft auf, ein frühes Foto von sich mit in den Kurs zu bringen, und die meisten tun dies mit großer Freude. Besonders gut erinnere ich mich an einen Studenten, den ich weder gut verstand noch besonders mochte. Er war sehr still und verschlossen, und wenn er angesprochen wurde, schaute er auf den Boden. Dann brachte er ein Foto von sich mit, auf dem er als Kind neben seinen Eltern, Einwanderer, abgebildet war. Er hatte jenen reinen und unschuldigen Gesichtsausdruck, den nur ein kleines und sensibles Kind haben kann. Von jenem Zeitpunkt an empfand ich eine starke Zuneigung zu diesem Studenten und sah ihn mit anderen Augen – mit Augen, die sein essentielles Selbst verstanden. Bei einem Kind ist das wahre, liebenswerte Selbst gewöhnlich zu erkennen, weil es noch nicht durch Äußerlichkeiten überdeckt worden ist. Wenn wir den Kern sehen, werden wir an das Wunder erinnert, das jeder Mensch ist.

12

Die Sprache der Liebe

Dauerhafte Liebesbeziehungen sind durch Wertschätzung, Zuneigung, Respekt und Akzeptieren gekennzeichnet. Gesunde Beziehungen sind von folgenden Gedanken geprägt (auch wenn diese niemals ausgesprochen werden): »Weißt du, ich habe schon vor langer Zeit erkannt, daß du nicht vollkommen bist, nicht genau so, wie ich es erwartet habe. Vielleicht lache ich mit dir über einige deiner Vorlieben und Eigenheiten, aber du weißt, daß unter diesem Lachen echte Zuneigung verborgen ist. Und ich werde niemals verächtlich über dich reden oder dich lächerlich machen.« Diese Atmosphäre des Respekts ermöglicht es Menschen paradoxerweise, sich zu verändern und zu wachsen, wenn sie sich dafür entscheiden. Ähnlich fördert auch eine Haltung der Güte sich selbst gegenüber das Wachstum.

Wir haben gesehen, wie ein negativer innerer Dialog das Wachstum und die Lebensfreude beeinträchtigen kann. Die im folgenden beschriebenen Fertigkeiten verstärken die Entscheidung, über uns selbst realistisch *und* gütig zu denken.

Gütige Beschreibungen

Halten Sie sich für kompetent? Veranlaßt diese Frage Sie zu folgenden Gedanken: »Kompetent zu sein bedeutet, vollkommen kompetent zu sein. Sicher ist meine Kompetenz nicht vollkommen. Deshalb bin ich wohl eher inkompetent!«

Dieses Beispiel für Schwarzweißdenken erklärt, warum es vielen Menschen so schwerfällt, gut über sich selbst zu denken. Als Diagramm könnte man diesen Denkprozeß wie folgt darstellen:

Kompetenz wird hier als *vollkommene Kompetenz* verstanden, Inkompetenz als *»Ohne jede Fähigkeit, völlig untauglich«*. Dieser Denkweise gemäß kann die Kompetenz eines Menschen nur entweder bei 10 oder bei 0 liegen. In Kapitel 6 haben wir empfohlen, nur Verhalten zu beurteilen, also nicht das Selbst. Nun wollen wir eine andere Art, sich selbst zu sehen, vorstellen, die gleichzeitig akkurat und gütig ist. Sie läßt sich wie folgt darstellen:

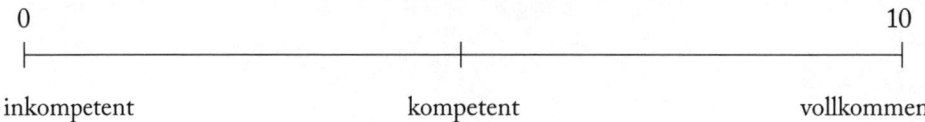

Diese Sicht räumt der Mitte den ihr gebührenden Platz ein. Natürlich ist niemand vollkommen, also vollendet und ohne jeden Makel. Doch andererseits verfügt jeder Mensch über ein gewisses Maß an Kompetenz – jeder ist manchmal und auf seine ganz individuelle Weise und/oder auf einem bestimmten Entwicklungsniveau kompetent. Im Sinne dieses Maßstabs kann jeder Mensch als kompetent angesehen werden.

Am linken Ende der folgenden Skala ist eine Liste negativer Bezeichnungen zu sehen. Am rechten Ende ist die Vollkommenheit positioniert. In der Mitte sind gütigere und zutreffendere Beschreibungen von Menschen zu finden.

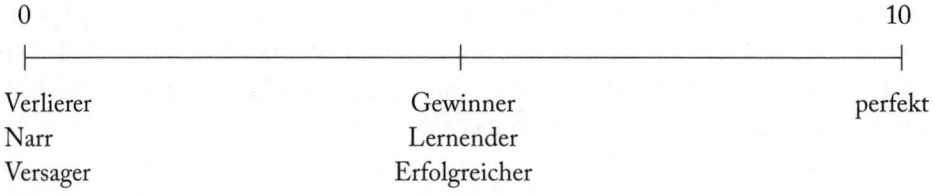

Ein *Versager* ist ein Mensch, der keinen Beitrag zu leisten und nichts zu lernen vermag. Da jeder lebende Mensch in einem gewissen Maße zu lernen und einen Beitrag zu leisten in der Lage ist, braucht niemand zu der Überzeugung zu gelangen, daß er ein Versager ist. Wenn ein *Erfolgreicher* jemand ist, der lernt, ausprobiert und einen gewissen Beitrag leistet, dann müßte sich realistischerweise jeder Mensch als erfolgreich ansehen. Dies ist kein Argument für Selbstzufriedenheit. Menschen können trotzdem nach Exzellenz streben, danach, ihr Bestes zu tun, ohne daß sie von sich fordern, vollkommen zu sein.

Fügen Sie der folgenden Liste einige Bezeichnungen hinzu. Schreiben Sie in die mittlere Position jeweils eine gütigere und zutreffendere Beschreibung, als sie in dem Wort auf der linken Seite zum Ausdruck kommt.

0   10
|——————————————————|——————————————————|

                                                            perfekt

Idiot   _____

Null   _____

Nichtskönner   _____

unsympathisch   _____

_____   _____

_____   _____

_____   _____

_____   _____

Den Kanal wechseln

Es folgt eine Liste selbstherabsetzender Äußerungen von Menschen über sich selbst und von Kommentaren gegenüber anderen. Eine Ausdrucksweise dieser Art wirkt erniedrigend und degradierend. Wenn Sie sich bei solchen Gedanken oder Bemerkungen ertappen, sollten Sie sich auf der Stelle »Stopp!« befehlen und den Kanal wechseln. Ein *Kanalwechsel* beinhaltet nichts anderes, als über sich selbst respektvoll zu denken oder zu sprechen – auf das Wachstum fördernde und das Selbstwertgefühl stärkende Weisen. Achten Sie auf die emotionale Veränderung, die nach solch einem Kanalwechsel eintritt.

selbstherabsetzende Äußerung   **Stopp! Kanalwechsel!**

Ich bin doch nur ein _____   Ich bin ein _____
(Lehrer, Krankenpfleger usw.).   (Lehrer, Krankenpfleger usw.).

                                          Ich bin ein ehrlicher und hart arbeitender

                                          _____.

                                          Es macht mich zufrieden, ein _____

                                          _____ zu sein.

                                          Ich versuche, mich weiterzuentwickeln.

Ich werde nie Erfolg haben.	Erfolg ist mit Mühe verbunden und damit, sich in die gewünschte Richtung zu bewegen.
Wenn ich nur _____ _____ hätte.	Nächstes Mal werde ich …
Ich hasse das an mir!	Was für eine interessante Schrulle! Ich werde daran arbeiten. Ich fühle mich noch wohler in meiner Haut, wenn ich mich weiterentwickle.
Wahrscheinlich werde ich das versieben.	Ich habe keine Angst davor, es zu versuchen, weil mein Wert in meinem Inneren angesiedelt ist.
Ich bin ein Fettwanst.	Ich habe Übergewicht. Ich arbeite daran, es zu verringern.

Selbstüberwachung bezüglich herabsetzender Äußerungen (Übung)

Beobachten Sie in den nächsten beiden Tagen, ob Sie selbstherabsetzende Bemerkungen formulieren. Wenn ja, dann ersetzen Sie diese durch ermutigende Äußerungen. Als ich eines Tages zu meinem Kurs ging, fiel mir eine Graduate-Studentin an einem Picknicktisch auf, die während der Arbeit an einer Hausaufgabe tief in Gedanken versunken war. Ich trat lautlos hinter sie und schnappte mir ihr Portemonnaie. Während ich davonging, sagte ich so laut, daß sie es sicher hören konnte: »Oh Mann, war *das* einfach. Ich hoffe, in dem Portemonnaie ist viel Geld.« Sie lachte und wurde rot. Sie hätte auch denken können: »Ich bin so weggetreten … ich bin ein richtiger Hans-guck-in-die-Luft.« Später zeigte sie mir, was sie geschrieben hatte. Da stand: »Ich kann mich sehr gut konzentrieren, obwohl Taschendiebe mich ablenken.« Eine liebevolle Haltung entsteht durch eine Entscheidung, die wir jeden Tag treffen. Wenn wir uns für eine liebevolle Haltung entscheiden, stellen sich die gewünschten Gefühle irgendwann ein.

Selbstherabsetzende Reflexion	Ermutigende Kommentare / Gedanken

Erster Tag

1.

2.

Zweiter Tag

1.

2.

13

Die gute Meinung anderer

Wir können im stillen, aber dadurch ehrlicher, Listen unserer Stärken zusammenstellen, denn in dieser Hinsicht sind die meisten von uns unehrliche Buchhalter und benötigen die Bestätigung eines »unabhängigen Prüfers«.

— NEAL A. MAXWELL

Es ist angebracht und könnte nützlich sein, an diesem Punkt zwei zentrale Punkte bezüglich der Liebe und der Anerkennung durch andere Menschen zusammenzufassen.

1. Liebe und Anerkennung anderer Menschen sind der Selbstachtung nicht ebenbürtig. Sonst würde man nicht von Selbstachtung, sondern von *Anderen*achtung sprechen.

2. Doch können die Liebe und Anerkennung anderer die Entwicklung der Selbstachtung fördern.

So wie Kritik die Selbstachtung nicht ohne Ihr Einverständnis schädigt, vermögen Liebe und Anerkennung sie nicht ohne Ihre Erlaubnis zu stärken. Damit soll keineswegs die Kostbarkeit menschlicher Nähe angezweifelt werden, sondern es geht darum festzustellen, daß Selbstachtung einzig und allein *Selbst*achtung ist. Wenn jemand Sie liebt und Ihnen hilft, sich wie ein Jemand zu *fühlen*, dann ist das ein wunderbares Geschenk, für das Sie dankbar sein können; aber Sie können auch dann eine intakte Selbstachtung haben, wenn Ihnen vertrauter Kontakt zu einem anderen Menschen völlig fehlt. Beispielsweise kann eine allein lebende Witwe durchaus ein starkes Selbstwertgefühl haben.

Fragen Sie sich: »Was mag ich an mir selbst? Welche meiner Charakterzüge, Eigenschaften, Fertigkeiten, Beiträge usw. schätze ich?« Vielen Menschen, und insbesondere denjenigen mit einem schwachen Selbstwertgefühl, fällt es schwer, diese Fragen zu beantworten.

Im nächsten Kapitel werden Sie eine authentische Liste Ihrer Stärken zusammenstellen. Die nun folgende Übung kann diesen Prozeß unterstützen und als eine Art »Aufwärmübung« für jene im nächsten Kapitel folgende fungieren. Ihr liegen die Annahmen zugrunde, daß (1) Sie eine kleine Gruppe von Menschen versammeln können, die Sie und einander gut kennen, und (2) daß diese anderen bereit sind, sich gegenseitig ihre günstigen Eindrücke voneinander mitzuteilen und zum Lohn dafür etwas sehr Erfreuliches zu erleben. Für die Übung benötigen Sie etwa eine Stunde, wobei die Dauer von der Zahl der Gruppenmitglieder abhängt.

Der Kreis der unterschiedlichen Gaben (Übung)

Anerkennung und bestärkende Äußerungen anderer Menschen sind der Selbstachtung nicht gleich. Doch wenn wir die gute Meinung anderer über uns an uns heranlassen und wir uns damit auseinandersetzen, kann uns das helfen, mit eigenen Augen die Wahrheit zu erkennen. Dies fördert eine realistische, von Wertschätzung geprägte Selbstsicht, die die eigenen Gaben zu erkennen vermag.

1. Setzen Sie sich in einen Kreis. Sechs bis zehn Personen sind eine ideale Teilnehmerzahl, aber jede andere Zahl ist auch möglich. Jeder Teilnehmer hat einen Stift und ein Blatt Papier.

2. Alle Teilnehmer schreiben oben auf das Blatt in großen Buchstaben ihren Namen.

3. Auf das Kommando »Weitergeben« geben alle Teilnehmer ihr Blatt der Person, die rechts von ihnen sitzt.

4. Die Person, die das Blatt erhält, schreibt drei Dinge darauf, die sie an der Person, deren Name oben auf dem Blatt steht, besonders schätzt. Vermerkt werden können Qualitäten, Stärken, Eigenschaften, Beiträge, die diese Person leistet, usw. Zum Beispiel: »Ich mag dein Lächeln. Ich mag, wie du die Schönheit der Natur liebst und wie du mich auf diese Schönheit aufmerksam machst. Ich mag, wie du Dankbarkeit ausdrückst. Du weckst in mir das Gefühl …« usw. Schreiben Sie Ihre Kommentare irgendwo auf das Blatt, also nicht in einer bestimmten Reihenfolge, damit niemand identifizieren kann, wer was geschrieben hat.

5. Wenn alle Teilnehmer drei Wertschätzung ausdrückende Punkte aufgeschrieben haben, ertönt das Kommando »Fertig, weitergeben«, woraufhin alle das Blatt, auf das sie geschrieben haben, an die Person rechts weitergeben. Dann wird das in Punkt 4 Beschriebene wiederholt.

6. Fahren Sie so lange fort, bis die Blätter bei der Person zur Rechten ihrer Namensgeber angekommen sind.

7. Daraufhin lesen alle Teilnehmer die Kommentare zu der Person zu ihrer Rechten. Beachten Sie als Zuhörer folgende Punkte:

→   Entspannen Sie sich.

→   Hören Sie zu, genießen Sie, was Sie hören, und nehmen Sie die Äußerungen in sich auf.

→   Würdigen Sie das gute Urteilsvermögen der anderen Teilnehmer, das in den Äußerungen über Sie zum Ausdruck kommt.

→   Entwerten Sie die Komplimente nicht durch herabsetzende innere Selbstgespräche (z. B.: »Ja, aber wenn die wüßten …«, »Das sagen sie doch nur aus reiner Höflichkeit« oder: »Da habe ich sie aber an der Nase herumgeführt!«). Wenn solche Gedanken bei Ihnen auftauchen, dann denken Sie: »Stopp! Was hier geschieht, ist förderlich. Ich werde an mich heranlassen, daß an diesen Äußerungen möglicherweise viel Wahres ist.«

Der Kreis der unterschiedlichen Gaben ist eine wunderbare Übung für Menschen jeden Alters. Sie eignet sich auch sehr gut für Familien. Sie werden dabei oft Bemerkungen hören wie: »Ich hätte nie gedacht, daß andere Menschen solche Dinge denken könnten.« Die guten Gefühle der Gruppenmitglieder untereinander werden gestärkt. Die Teilnehmer nehmen ihre Blätter oft mit nach Hause und holen sie hervor, wenn sie sich emotional stärken oder sich an ihre Stärken erinnern wollen.

14

Anerkennen und Akzeptieren positiver Eigenschaften

Man kann die Selbstachtung durch bestimmtes Anerkennen dessen, was man im gegenwärtigen Augenblick bezüglich der eigenen Person als »richtig« ansieht, stärken. Vielen fällt dies schwer, weil es ihnen aufgrund ihrer Gewohnheiten negativen Denkens leichter fällt, zu identifizieren, was nicht in Ordnung ist. Zwar gibt es Situationen, in denen es wichtig ist, sich der eigenen Mängel und Schwächen bewußt zu werden, doch wenn diese Tendenz generell dominiert und das Bewußtsein der eigenen Stärken darunter leidet, wird dadurch die Selbstachtung geschädigt.

In der folgenden Übung geht es darum, Stärken durch Wertschätzung anzuerkennen und zu verstärken. Diese Aktivität ist ein Ausdruck der Selbstliebe. Die dazu erforderliche Fertigkeit basiert auf einer Untersuchung von drei Kanadiern, Gauthier, Pellerin und Renaud (1983), deren Methode die Selbstachtung der Untersuchungsteilnehmer innerhalb weniger Wochen zu stärken vermochte.

Markieren Sie zum »Aufwärmen« zunächst diejenigen unter den folgenden Eigenschaften, die Sie manchmal mehr oder weniger stark zeigen oder gezeigt haben:

_____ sauber

_____ geschickt

_____ belesen (wenn Sie dieses Buch bis hier gelesen haben, dann haken Sie diesen Punkt ab!)

_____ pünktlich

_____ sicher oder selbstsicher

_____ enthusiastisch, energisch

_____ optimistisch

_____ humorvoll, fröhlich oder unterhaltsam

_____ freundlich

_____ sanft

_____ loyal, engagiert

_____ vertrauenswürdig

_____ vertrauensvoll, das Beste in anderen sehend

_____ liebevoll

_____ stark, machtvoll, schlagkräftig

_____ entschlossen, resolut, standhaft

_____ geduldig

_____ rational, vernünftig, logisch

_____ intuitiv oder auf die eigenen Instinkte vertrauend

_____ kreativ oder phantasievoll

_____ mitfühlend, gütig oder fürsorglich

_____ diszipliniert

_____ überzeugend

_____ talentiert

_____ heiter

_____ sensibel oder besonnen

_____ großzügig

_____ dankbar

_____ respektvoll oder höflich

_____ empfänglich für Schönheit oder die Natur

_____ prinzipientreu, ethisch

_____ fleißig

_____ verantwortungsvoll, zuverlässig

_____ organisiert, ordentlich oder gepflegt

_____ altruistisch

_____ ermutigend, schmeichelnd

_____ attraktiv

_____ gepflegt

_____ körperlich fit

_____ intelligent, scharfsichtig

_____ kooperativ

_____ bereit zu vergeben oder fähig, Fehler und Mängel zu übersehen

_____ versöhnlich

_____ ruhig oder gelassen

_____ erfolgreich

_____ aufgeschlossen

_____ taktvoll

_____ spontan

_____ flexibel oder anpassungsfähig

_____ tatkräftig

_____ ausdrucksfähig

_____ anmutig, würdevoll

_____ abenteuerlich

Prüfen Sie nun die folgende Liste von Wörtern, die beschreiben, in welcher Rolle Sie manchmal relativ gut sind:

____ Kontaktknüpfer		____ Anhänger
____ Zuhörer		____ Fehler-Korrektor
____ Koch		____ »Lächler«
____ Sportler		____ Diskussionsteilnehmer
____ Reiniger		____ Vermittler
____ Arbeiter		____ Geschichtenerzähler
____ Freund		____ Briefschreiber
____ Musiker oder Sänger		____ Denker
____ Lernender		____ Antragsteller
____ Leiter oder Coach		____ Vorbild
____ Organisator		____ Kamerad
____ Entscheider		____ Kritiknehmer
____ Berater		____ Risikobereiter
____ Helfer		____ Hobby-Enthusiast
____ »Cheerleader«, Unterstützer		____ Finanzmanager
____ Planer		____ Familienmitglied

Zum Überprüfen dieser Listen war keine Perfektion erforderlich, weil *niemand* irgend etwas davon ständig perfekt macht. Doch wenn Sie einige der Wörter mit einem Häkchen markiert und es somit geschafft haben, in einer sehr komplizierten Welt psychisch relativ gesund zu bleiben, können Sie sich selbst auf die Schulter klopfen. Aber denken Sie daran, daß dies nur das Aufwärmen war. Die eigentliche Übung, die nun folgt, hat sich als sehr effektiv für die Stärkung der Selbstachtung erwiesen.

Kognitive Probe (Übung)

1. Stellen Sie eine Liste von zehn positiven Äußerungen über Sie selbst zusammen, die sinnvoll und realistisch bzw. wahr sind. Sie können diese Äußerungen aus den beiden Listen auf den vorangegangenen Seiten zusammenstellen; Sie können aber auch selbst Aussagen entwickeln oder beide Möglichkeiten kombinieren. Beispiele sind: »Ich bin ein loyales, verantwortungsbewußtes Mitglied meiner Familie, meines Teams, Clubs usw.«, »Ich bin sauber, ordentlich usw.«, »Ich bin ein engagierter Zuhörer.« Wenn Sie eine Rolle anführen, die Sie gut erfüllen, dann versuchen Sie, spezifische persönliche Eigenschaften hinzuzufügen, die erklären, warum das so ist. Statt beispielsweise nur zu sagen, daß jemand ein guter Fußballspieler ist, könnte man hinzufügen, daß der Betreffende Situationen schnell einzuschätzen versteht und daß er entschlossen reagiert. Rollen können sich verändern (beispielsweise nach einer Verletzung oder mit zuneh-

mendem Alter), doch der Charakter und die Persönlichkeitsmerkmale kommen meist in vielen unterschiedlichen Rollen zum Ausdruck.

2. Schreiben Sie die zehn positiven Aussagen in den dafür vorgesehenen Freiraum auf der nächsten Seite.

3. Suchen Sie sich einen Ort, an dem Sie sich 15 bis 20 Minuten lang entspannen und ungestört sein können. Meditieren Sie jeweils eine bis zwei Minuten über eine der Aussagen und über Anhaltspunkte für ihre Richtigkeit. Verfahren Sie so mit sämtlichen Aussagen.

4. Wiederholen Sie diese Übung zehn Tage lang jeden Tag. Schreiben Sie jeden Tag eine Aussage in den dafür vorgesehenen Freiraum.

5. Schauen Sie sich mehrmals täglich die Punkte auf der Liste an, und meditieren Sie etwa zwei Minuten lang über die Beweise für die Richtigkeit der einzelnen Punkte.

Zehn positive Aussagen

1.

2.

3.

4.

5.

6.

7.

8.

9.

10.

Weitere Aussagen

1.

2.

3.

4.

5.

6.

7.

8.

9.

10.

Wenn es Ihnen lieber ist, können Sie die Aussagen auch auf Karteikarten schreiben und diese stets bei sich führen. Einige empfinden es als angenehmer, im Laufe des Tages auf Karten zu schauen.

Stellen Sie fest, wie Sie sich fühlen, nachdem Sie dies geübt haben. Im Grunde handelt es sich um eine Auseinandersetzung mit der kognitiven Verzerrung »Ich bin nicht gut«, wobei deren Ausdrucksformen durch Wertschätzung ausdrückende Gedanken und Gefühle ersetzt werden. Studenten macht diese Übung besonders viel Freude. Ich habe von ihnen im Laufe der Jahre oft Kommentare wie die folgenden gehört:

→   Heh! Ich bin ja gar nicht so schlecht, wie ich geglaubt habe!

→   Mit zunehmender Übung bin ich besser geworden. Zuerst habe an die Aussagen überhaupt nicht geglaubt. Dann habe ich mich plötzlich dabei erwischt, daß ich auf dem Weg zur Schule in mich hineingrinste.

→   Ich fühle mich dazu *motiviert*, entsprechend zu handeln.

→   Ich fühle mich friedlich und ruhig.

→   Ich habe gelernt, daß ich über viel mehr Gutes verfüge, als ich mir selbst zugestehe.

15

Eine Wertschätzung des Körpers entwickeln

Der Körper ist etwas Äußeres. Er ist nicht der Kern. Der Körper eines Menschen ist dem Körper eines anderen Menschen nicht gleich. Aber der Körper ist eine Metapher für den Kern, da wir den Körper oft ähnlich wie unser essentielles Selbst erleben.

Beispielsweise ermöglicht uns der Körper, Liebe zu empfangen und zu erleben. Denken Sie an das Gefühl, das durch eine Umarmung oder durch die sanfte Berührung eines Menschen entsteht, der uns aufrichtig zugetan ist. Die Empfindung, die der Körper spürt, erreicht auch den Kern. Wenn wir unseren Körper wohlwollend im Spiegel betrachten, fällt es uns leichter, den Kern ähnlich zu sehen. Eine von Respekt und Liebe geprägte Haltung zum Körper – die sich in einem sensiblen, gesundheitsfördernden Umgang mit ihm spiegelt – wirkt sich positiv auf unsere Gefühle gegenüber dem essentiellen Selbst aus.

Andererseits kann der Körper durch schlechte Behandlung oder durch Lächerlichmachen beschämt werden, was sich oft auch auf den Kern auswirkt. Wenn man denkt: »Ich würde meinen Körper schätzen, wenn er nicht diesen Makel oder jene Falte oder das Fettpolster da hätte«, macht man wahrscheinlich auch die Liebe zum essentiellen Selbst von strengen Bedingungen abhängig. Wenn man körperlichen Unvollkommenheiten gegenüber unerbittlich ist, hat man wahrscheinlich auch ein negatives Verhältnis zum essentiellen Selbst.

Doch ganz gleich, wie negativ man den eigenen Körper sieht oder wie negativ er behandelt worden ist, der essentielle Kern ist und bleibt intakt und spricht auf heilende, erfrischende und stärkende Liebe positiv an. Wenn Sie die Wertschätzung Ihres Körpers weiterzuentwickeln versuchen, wird es leichter für Sie, dem essentiellen Selbst gegenüber eine Haltung der Güte zu praktizieren. Folgende Übung wird Ihnen helfen, eine Wertschätzung Ihres Körpers zu entwickeln, ganz gleich, in welchem Zustand er sich im Augenblick befindet. Auch wenn es auf der Welt Menschen gibt, die Ihren Körper stark kritisiert haben, kann jeder Mensch lernen oder neu lernen, den eigenen Körper positiv zu erleben.

Die Herrlichkeit des Körpers

Nach einer brillanten Karriere als Herzchirurg hat Russell M. Nelson, M. D., (1988) geäußert: »Vergegenwärtigen Sie sich die großartigen Anblicke, die Sie gesehen haben: einen majestätischen Berg, ein starkes Pferd, das anmutig über eine grüne Wiese galoppiert, einen Wolkenkratzer. Und nun vergegenwärtigen Sie sich den großartigen Körper, den Sie im Spiegel sehen, wobei Sie über seine Unvollkommenheiten einen Augenblick lang hinwegsehen.« Der menschliche Körper ist in der Tat großartig gemacht. Deshalb wollen wir uns nun einige Wunder aus der Schatzkiste dieses Körpers genauer anschauen.

Von der Empfängnis bis zur vollständigen Entwicklung

Bei der Empfängnis verbinden sich ein Sperma und eine Eizelle auf eine bisher nur teilweise verstandene Weise. Bei dieser Vereinigung bildet sich eine einzige Zelle, die sich entsprechend einem einzigartigen, aus sechs Milliarden DNS-Teileinheiten bestehenden genetischen Code zahllose Male vervielfältigt. Dieser genetische Code, dessen Länge derjenigen des Körpers eines Erwachsenen entsprechen könnte, ist in jedem Zellkern auf eine Länge von nur 0,000254 cm zusammengerollt. Kurz nach der Empfängnis produzieren die Zellen über 50 000 für die Entstehung des Lebens erforderliche Proteine. Obwohl jede Zelle den gleichen genetischen Bauplan für den gesamten Körper enthält und obwohl sie sich in jede Art von Zelle im gesamten Körper verwandeln kann, erfolgt durch Aktivierung und Unterdrückung jeweils bestimmter Gene eine Spezialisierung. Dadurch werden einige Zellen zu Zellen für das Auge, andere zu Zellen des Herzens und wieder andere zu Bestandteilen von Blutgefäßen oder Nerven, die sich zum richtigen Zeitpunkt an den richtigen Orten entwickeln. Im Laufe eines Lebens produzieren die Zellen des menschlichen Körpers fünf Tonnen Protein. Jeden Tag produziert der voll entwickelte Körper dreihundert Milliarden Zellen, um den Bestand an insgesamt etwa 75 Billionen zu erhalten. Würde man die Zellen des Körpers alle hintereinander aufreihen, ergäbe sich eine Strecke von 1 180 000 Meilen (fast zwei Millionen Kilometern)!

Das Herz-Kreislauf-System

Das Herz bringt Leben in jede Zelle. Dieser wunderbare Muskel, der nur ca. 350 Gramm wiegt, pumpt jeden Tag mehr als 1 300 Liter Blut und schlägt im Laufe des Lebens über 2,5 Milliarden Mal – und dies in einem Tempo, bei dem andere Muskeln innerhalb weniger Minuten ermüden würden. Tatsächlich besteht das Herz aus zwei direkt nebeneinander liegenden Pumpen: Die eine treibt das Blut in die Adern, damit es in diesem insgesamt 120 000 Kilometer langen System zirkuliert. Die andere Pumpe treibt das Blut so sanft zur Lunge, daß die feinen Luftbläschen darin nicht beschädigt werden. Würden die beiden Teile des Herzens getrennt, schlügen sie in unterschiedlichen Rhythmen. Zusammen jedoch schlagen sie im Einklang wie ein ausgezeichnetes Symphonieorchester.

Die Technik vermag die Haltbarkeit des Herzens nicht nachzuahmen. Die Kraft, mit der das Blut gegen die Aorta geschleudert wird, würde starre Metallrohre schnell beschädigen, wohingegen die flexiblen dünnen Ventile des Herzens robuster sind als von Menschenhand entwickelte Materialien.

Das erstaunliche Skelett

Die 206 Knochen im Körper sind Gramm für Gramm stärker als Stahl oder armierter Zement. Im Gegensatz zu diesen von Menschen entwickelten Materialien werden die Knochen durch das Heben von Gewichten dichter und stärker. 68 Gelenke, die ständig geschmiert werden, ermöglichen ein unglaubliches Maß an ständiger Bewegung. Beispielsweise gestatten uns die 33 Wirbel der Wirbelsäule, unterstützt durch 400 Muskeln und 1000 Bänder eine unendliche Vielfalt von Kopf- und Körperpositionen. Oder denken Sie an die gewaltigen Fähigkeiten der Hand – kraftvoll den Deckel eines Topfes zu drehen oder vorsichtig einen Splitter zu entfernen. Was Haltbarkeit, Präzision und Komplexität angeht, vermag die Wissenschaft den Daumen nicht zu übertreffen, dessen Drehung die Übermittlung Tausender von Botschaften im Gehirn erfordert. Die Hand streckt und beugt unermüdlich die Fingergelenke – 25 Millionen Mal im Laufe eines Lebens. Mittels unglaublich effizienter Raumnutzung produziert das Knochenmark in jeder Sekunde 2,5 Millionen rote Blutkörperchen und vermag so einen Bedarf von 25 Billionen roten Blutkörperchen zu decken – die, aufeinander gestapelt, 50 000 Kilometer in den Himmel ragen würden.

Vergegenwärtigen Sie sich auch die Rolle der 650 Muskeln des menschlichen Körpers. Ein simpler Schritt erfordert die Aktivität von 200 Muskeln: von 40 Beinmuskeln, die das Bein heben, während Rückenmuskeln das Gleichgewicht halten und Bauchmuskeln verhindern, daß Sie auf den Rücken fallen.

Die Welt spüren

Sie schlürfen in einem Café am Straßenrand ein erfrischendes Getränk. Sie riechen das Essen, das gekocht wird, und hören die Geräusche von Menschen, die lebhaft miteinander reden. Sie sehen vielfarbige Blumen, Menschen, die vorbeischlendern, Wolken, die träge am Himmel ziehen, und Sie spüren den Wind auf Ihrem Gesicht. Im Bruchteil einer Sekunde ermöglichen Ihnen komplizierte neuronale Schaltkreise und zahllose Signale im Gehirn, die Welt, die Sie umgibt, zu spüren. Schauen wir uns einmal genauer an, wie wunderbar diese Fähigkeit ist.

Die Augen, die Ohren und die Nase sind wahre Miniaturisierungswunder. Wenn Sie sich im Spiegel betrachten, sehen Sie dreidimensional, obwohl das Bild, das sich Ihnen darbietet, völlig flach ist. Die ständige Bewegung der Augen, die der täglichen Zurücklegung einer Wegstrecke von 80 Kilometern entspricht, und Millionen von Rezeptoren in der Netzhaut, die in jeder Sekunde Milliarden von Berechnungen durchführen, machen das Auge sensibler und kostbarer als jede Kamera – und im Gegensatz zu einer Kamera reinigt sich das Auge selbst.

Bei einem Gespräch wird das Trommelfell im Ohr um eine Entfernung bewegt, die dem Durchmesser eines Sauerstoffatoms entspricht. Doch unsere unvorstellbar sensiblen Ohren ermöglichen uns, einzelne Stimmen voneinander zu unterscheiden und uns dem Ursprung von Geräuschen zuzuwenden. Außerdem informieren die Ohren das Gehirn über die geringste Veränderung des Gleichgewichts unseres Körpers.

In einem Bereich, der kleiner als eine Briefmarke ist, weist jede Nasenöffnung zehn Millionen Rezeptoren für Gerüche auf, was es dem Gehirn ermöglicht, bis zu 10 000 Gerüche zu unterscheiden und sich zu merken.

Könnten Sie sich eine feinere Abdeckung des Körpers als die Haut vorstellen? Unter einem Quadratzentimeter Haut (einer Fläche von der Größe des Fingernagels des kleinen Fingers) befinden sich Hunderte von Nervenenden, die Berührungen, Temperatur und Schmerzen registrieren. Ganz zu schweigen von den hundert Schweißdrüsen, deren Aufgabe es ist, die vielen Pigmentzellen zu kühlen und vor der Sonnenstrahlung zu schützen.

Die erstaunlichen Abwehrmechanismen unseres Körpers

In jedem Augenblick verteidigt sich der menschliche Körper gegen eine ganze Armee mächtiger Eindringlinge. Dies geschieht mit Hilfe eines Abwehrsystems, das komplexer ist als das jedes Landes der Erde. Die Haut bildet die erste Schutzschicht. Aufgrund ihrer salzigen, säurehaltigen Beschaffenheit tötet sie unzählige Mikroben und verhindert das Eindringen vieler verunreinigender Faktoren in den Körper.

Tag für Tag atmen wir 8500 Liter Luft ein, was der in einem kleinen Wohnraum enthaltenen Luftmenge entspricht. Diese Luftmenge enthält 20 Milliarden Staubpartikel. Die Nase, die Luftwege und die Lunge bilden eine erstaunlich autarke Klimaanlage samt Luftbefeuchtungssystem. Lysozyme in der Nase und in der Kehle vernichten die meisten Bakterien und Viren. Der Speichel fängt Staubteilchen in den Luftwegen ab, und Millionen winziger Haare, die sogenannten Flimmerhärchen, befördern den Schleim energisch in die Kehle zurück, damit wir in hinunterschlucken können. Starke Säure neutralisiert im Magen gefährliche Mikroben – weshalb beispielsweise ein Kind Wasser aus einer Pfütze trinken kann und in der Regel trotzdem gesund bleibt. In der Nase wird die einströmende Luft auf eine konstante Luftfeuchtigkeit von 75 bis 80 Prozent angereichert. An kalten Tagen wird mehr Blut als sonst zur Nase geschickt, damit dieses die einströmende Luft anwärmt.

Mikroben, die der Vernichtung entgehen, initiieren ein erstaunliches Maß an Aktivitäten. Milliarden von weißen Blutkörperchen fressen oder töten ununterbrochen Eindringlinge, die in den Körper gelangt sind. Andere Zellen des Immunsystems vermehren und aktivieren Antikörper produzierende Zellen. (Eine Million unterschiedlicher Antikörper werden produziert, die jeweils speziell für die Bekämpfung einer bestimmten Mikrobe geeignet sind.) Nötigenfalls können weiße Blutkörperchen Fieber erzeugen, das den Kampf gegen Eindringlinge unterstützt, und sie können das Fieber abklingen lassen, sobald die Schlacht vorüber ist. Die Lektionen, die der Körper in einer solchen Schlacht lernt, werden gespeichert, denn das Immunsystem erinnert sich an die Eindringlinge und daran, wie man sich in Zukunft gegen sie zur Wehr setzen kann.

In der Nähe des Verdauungstrakts, der die erforderlichen Nährstoffe aufnimmt, befindet sich die Leber. Zusätzlich zu den übrigen 500 lebenswichtigen Prozessen verarbeitet dieses unverzichtbare Organ alle von den Därmen aufgenommenen Nährstoffe und neutralisiert Gifte. Beispielsweise entgiftet die Leber in den acht Sekunden, die Blut braucht, um sie zu durchfließen, Koffein oder Nikotin, das tödlich wirken kann, wenn es direkt ins Herz gelangt.

Die Weisheit des Körpers

Die Myriaden von Komplexitäten des Körpers werden vom Gehirn überwacht. Es wiegt nicht mehr als drei Pfund und umfaßt Hundert Milliarden Nervenzellen. Das Gehirn läßt auch den besten Computer wie ein Kinderspielzeug aussehen. Da jede Nervenzelle zu Tausenden anderer in Verbindung treten kann, die dies ihrerseits ebenfalls können, verfügt das Gehirn über eine beeindruckende Flexibilität, Komplexität und ein ebensolches Potential.

Beispielsweise hält das Gehirn das Körperinnere in einem erstaunlich konstanten Zustand und schützt so das Leben. Wenn ein Mensch bei 50 Grad Celsius in einer Wüste lebt, schickt das Gehirn mehr Blut zur Haut, um Hitze aus dem Körperinneren abzuleiten und die Schweißabsonderung zu verstärken. In der Arktis hingegen zieht es Blut von der Haut ab und leitet es in wichtige innere Organe, und es erzeugt Hitze, indem es den Körper zittern läßt. Wenn ein Mensch eine blutende Wunde hat, wird Wasser aus dem Gewebe in die Blutgefäße befördert, wobei die nicht überlebenswichtigen Blutgefäße kontrahieren, damit der Blutdruck hoch genug bleibt. Um die innere Balance zu erhalten, trifft das Gehirn auch Entscheidungen, es löst Probleme, es träumt, es ruft gespeicherte Erinnerungen ab, es erkennt Gesichter, und es stellt unbegrenzte Kapazitäten zur Entwicklung von Weisheit und zur Kultivierung der Persönlichkeit bereit.

Weitere Wunder des Körpers

Vergegenwärtigen Sie sich einmal, wie der menschliche Körper das »Korn des Weizens, der einmal auf einem Feld wogte«, in die »Energie, die durch das Wogen unserer Hand verbraucht wird« (National Geographic Society 1986) oder in lebendes Gewebe verwandelt – zunächst mittels einer komplexen Folge von Transformationen im Verdauungstrakt und dann durch noch kompliziertere Transformationen in den Zellen.

Versuchen Sie sich einen Augenblick lang die 300 Millionen Alveolen oder Luftbläschen in der Lunge vorzustellen, die der eingeatmeten Luft Sauerstoff entziehen und im

Austausch Kohlendioxid aus den Körperzellen entfernen. Aneinandergereiht würden diese Alveolen fast einen Tennisplatz bedecken.

Versetzen Sie sich in die Fähigkeit des menschlichen Körpers, sich selbst zu heilen. Im Gegensatz zu einem Tischbein oder einem Rohr können sich Knochen, Blutgefäße, Haut und andere Teile des Körpers selbst heilen.

Viele Organe sind doppelt ausgelegt: Wir haben zwei Augen, zwei Nieren und zwei Lungenflügel. Und die so lebenswichtige, aber nur einmal vorhandene Leber ist in außergewöhnlichem Maße regenerationsfähig. Selbst wenn 80 Prozent von ihr zerstört oder entfernt werden, funktioniert sie noch und kann innerhalb weniger Monate ihre ursprüngliche Größe wieder erreichen.

Nachsinnen über die Komplexität und Großartigkeit unseres Körpers hilft uns, diesen stärker zu schätzen. Wenden wir uns nun einer Übung zu, die uns ebenfalls hilft, unseren Körper mit gesunder Wertschätzung zu betrachten.

Wertschätzung des Körpers (Übung)

Ist Ihnen klar, daß die Art, wie Sie Ihren Körper sehen, Ihre Empfindung bezüglich Ihres essentiellen Kerns beeinflußt? Das Hervorheben des Negativen ist eine kognitive Verzerrung, die Sie dazu bringt, auf negative Gedanken zu fokussieren. Wenn Sie dies tun, kann Ihre Stimmung allmählich negativ werden. Ebenso können Sie sich auf die negativsten Aspekte Ihres Körpers konzentrieren. Sie schauen in den Spiegel und fixieren sich augenblicklich auf die Mängel oder auf weniger attraktive Aspekte. Ebenso können Sie Erschöpfung, Krankheit oder einen Teil Ihres Körpers, der seine Aufgabe nicht gut erfüllt, in den Mittelpunkt Ihrer Aufmerksamkeit rücken. (Damit will ich Ihnen keineswegs nahelegen, Erschöpfung, Krankheit oder Schmerzen zu ignorieren. Vielmehr geht es hier um Ihre gewohnte Art, Ihren Körper zu erleben.) Wenn Sie sich nicht vorsehen, werden Sie Ihren Körper schon bald ganz generell negativ erleben.

Wenn Sie Ihre Wertschätzung des eigenen Körpers stärken wollen, sollten Sie die folgende Übung mindestens vier Tage in Folge ausführen.

Schauen Sie sich mindestens sechsmal im Laufe des Tages Ihren Körper *in natura* oder in einem Spiegel an, und registrieren Sie mit Wohlwollen etwas daran, das »*in Ordnung*« ist. Beachten Sie gelegentlich die weiter oben beschriebenen Juwelen. Vergegenwärtigen Sie sich die Wunder in Ihrem Körper. Betrachten Sie gelegentlich die Haut, die Sinnesorgane, die Hände, die Finger oder ein Merkmal Ihres Körpers, das Sie für attraktiv halten. Registrieren Sie mit Wohlgefallen, was an Ihrem Körper seine Funktion *gut* erfüllt.

16

Die Wertschätzung des Körpers stärken

Die folgende Übung wurde von Jack Canfield (1985), einem bekannten Fachmann für die Arbeit an der Selbstachtung, entwickelt. Es handelt sich dabei um eine sehr wirksame Methode zur Verstärkung der Gewohnheit, den eigenen Körper als wertvoll zu erleben. Für die Ausführung der Übung brauchen Sie ungefähr 30 Minuten. Lesen Sie den Text langsam, oder lassen Sie ihn sich von jemandem langsam vorlesen, und zwar an einem ruhigen Ort, wo Sie nicht gestört werden. Führen Sie die Übung an vier aufeinanderfolgenden Tagen einmal täglich aus.

Die Wertschätzung des Körpers stärken – Eine Meditation

Willkommen. Nimm eine angenehme Position ein, indem du dich entweder aufrecht auf einen Stuhl oder Sessel setzt oder dich auf dem Boden oder einem Bett auf den Rücken legst. Nimm dir ein wenig Zeit, um es dir bequem zu machen. Und dann werde dir deines Körpers bewußt … Wenn du möchtest, kann du die verschiedenen Körpersegmente strecken … deine Arme, deine Beine, deinen Hals oder deinen Rücken … Werde dir dabei stärker deines Körpers bewußt. Und nun atme ein paarmal tiefer und langsamer … Atme durch die Nase ein und durch den Mund aus, wenn du das kannst. Und fahre fort mit dem langen und langsamen rhythmischen Atmen …

Nun werden wir uns ein paar Augenblicke Zeit nehmen, um auf deinen Körper zu fokussieren und ihm Wertschätzung zu zeigen. Spüre die Luft, die dir Lebensenergie gibt, indem sie in deine Lunge strömt und später wieder daraus entweicht. Vergegenwärtige dir, daß deine Lunge auch dann atmet, wenn du ihre Aktivität nicht bewußt verfolgst … Sie atmet ein und aus, den ganzen Tag, die ganze Nacht, sogar wenn du schläfst … Sie atmet Sauerstoff ein, atmet frische, reine Luft ein, und atmet die Abfallstoffe aus, reinigt und regeneriert den ganzen Körper, ein ständiges Hinein- und Hinausfließen von Luft … wie am Meer das Kommen und Gehen der Gezeiten. Nun schicke ein wunderschönes, strahlendes weißes Licht und Liebe in deine Lunge, und vergegenwärtige dir, daß sie seit deinem ersten Atemzug für dich da gewesen ist. Was wir auch tun, sie atmet ständig ein und aus, den ganzen Tag lang. Und nun werde dir deines Zwerchfells bewußt, jenes Muskels unter deiner Lunge, der sich auf- und abbewegt und der deiner Lunge das Atmen ermöglicht … Sende Licht und Liebe zu deinem Zwerchfell.

Nun werde dir deines Herzens bewußt. Spüre es und würdige es. Dein Herz ist ein lebendes Wunder. Es schlägt ununterbrochen und bittet nie um etwas, ein unermüdlicher Muskel, der dir unablässig dient … der Lebenskraft erzeugende Nährstoffe im ganzen Körper verteilt und in jede Zelle befördert. Was für ein wunderbares und mächtiges Instrument! Tagein, tagaus hat dein Herz geschlagen. Nun sieh es umgeben von weißem Licht und von Wärme, und sprich innerlich zu ihm: »Ich liebe dich und schätze dich.«

Werde dir nun des Blutes bewußt, das durch dein Herz fließt. Dies ist für deinen Körper der Fluß des Lebens. Millionen und Abermillionen von Blutzellen … rote Blutkörperchen und weiße Blutkörperchen … Gerinnungshemmer und Antikörper … fließen in deinem Blut, bekämpfen Krankheiten, geben dir Immunität, und heilen dich … befördern den Sauerstoff aus der Lunge in jede Zelle deines Körpers … bis hinunter in deine Zehen und bis hinauf in dein Haar. Spüre, wie das Blut durch deine Venen und Arterien strömt … und umhülle alle diese Venen und Arterien mit weißem Licht. Sieh, wie dieses Licht im Strom des Blutes tanzt, als ob es Freude und Liebe in jede Zelle brächte.

Nun werde dir deiner Brust und deines Brustkorbes bewußt. Du spürst, wie er sich beim Atmen hebt und senkt … Dein Brustkorb schützt alle inneren Organe deines Körpers … schützt dein Herz und deine Lunge … und sorgt für ihre Sicherheit. Lasse also Liebe und Licht in die Knochen fließen, aus denen dein Brustkorb besteht. Dann werde dir deines Magens, deiner Därme, deiner Nieren und deiner Leber bewußt. Alle Organe deines Körpers, die Nahrung aufnehmen und verdauen und deinem Körper Nährstoffe geben … die das Blut reinigen und in einen Zustand der Balance bringen … deine Nieren und deine Blase. Sieh deinen ganzen Körper vom Hals bis hinab zur Taille von weißem Licht umgeben und erfüllt.

Werde dir nun deiner Beine bewußt … deiner Beine, die dir ermöglichen, zu gehen, zu laufen, zu tanzen und zu springen. Sie ermöglichen dir, in der Welt deinen Platz zu behaupten, dich vorwärts zu bewegen, zu laufen und vor Freude außer Atem zu kommen. Lasse deinen Beinen deine Wertschätzung zukommen, und spüre, wie sie von weißem Licht umgeben sind. Sieh alle Muskeln und Knochen in deinen Beinen als erfüllt von strahlend weißem Licht … und sage zu deinen Beinen: »Ich liebe euch, ihr Beine, und ich schätze die Arbeit, die ihr verrichtet, sehr.« Dann werde dir deiner Füße bewußt. Sie ermöglichen dir, auf deinem Weg durch die Welt das Gleichgewicht zu behalten. Sie ermöglichen dir, zu klettern und zu laufen … und sie tragen dich jeden Tag … Danke deinen Füßen dafür, daß sie da sind und dich tragen.

Nun werde dir deiner Arme bewußt. Auch sie sind Wunder. Und deiner Hände. Denke an all die Dinge, die du mit deinen Händen und Armen tun kannst. Du kannst schreiben und tippen … du kannst die Arme und Hände ausstrecken und Dinge berühren. Du kannst Dinge in die Hand nehmen und sie benutzen. Du kannst Nahrung zu deinem Mund führen. Du kannst Dinge, die du nicht willst, wegstellen. Du kannst dich kratzen und jucken, die Seiten eines Buches wenden, Essen kochen, Auto fahren, jemanden massieren, jemanden kitzeln, dich verteidigen oder jemanden umarmen. Du kannst die Arme ausstrecken und zur Welt und zu anderen Menschen in Kontakt treten. Nun sieh deine Arme und Hände umgeben von Licht, und sende ihnen deine Liebe.

Und dann lasse dich die Dankbarkeit dafür spüren, daß du einen Körper hast, einen Körper, den du jeden Tag benutzen kannst, mit dem du erleben kannst, was du erleben willst, und den du brauchst, um zu wachsen und von ihm zu lernen.

Werde dir nun deiner Wirbelsäule bewußt, die dir ermöglicht, aufrecht zu stehen … und die deinem ganzen Körper eine Struktur gibt … die deine Nerven schützt, die vom Gehirn durch die Wirbelsäule in den übrigen Körper verlaufen. Sieh ein goldenes Licht durch die Wirbelsäule fließen, vom Steißbein bis zum Becken … es fließt zum obersten Punkt der Wirbelsäule, Wirbel um Wirbel, bis zum Hals … zum obersten Punkt der Wirbelsäule, dorthin, wo sie mit dem Schädel verbunden ist … und dann lasse dieses goldene Licht weiter aufwärts in dein Gehirn fließen.

Werde dir nun der Stimmbänder in deiner Kehle bewußt … die es dir ermöglichen, zu sprechen, gehört zu werden, zu kommunizieren, verstanden zu werden, zu singen, zu beten und zu brüllen, mit Freude und Begeisterung … deine Gefühle auszudrücken und zu weinen und deine tiefsten Gedanken und deine Träume mitzuteilen.

Werde dir nun der linken Seite deines Gehirns bewußt, des Teils deines Gehirns, der analysiert und berechnet, der Probleme löst und für die Zukunft plant, der kalkuliert und schlußfolgert, der deduziert und induziert … Gestatte dir, den Wert dessen, was dein Intellekt dir bietet, zu würdigen … Sieh die linke Seite deines Gehirns völlig mit goldenem und weißem Licht gefüllt … und mit kleinen funkelnden Sternen, und sieh, wie das weiße Licht diesen Teil deines Gehirns reinigt, weckt, liebt und nährt … Und dann lasse das Licht über die Brücke zwischen den beiden Seiten deines Gehirns in die rechte Gehirnhälfte fließen … in den Teil des Gehirns, der es dir ermöglicht, zu fühlen, Emotionen zu spüren, intuitiv zu sein, zu träumen … Tagträume zu haben und zu visualisieren, schöpferisch zu sein und mit deiner höheren

Weisheit zu reden … in den Teil deines Gehirns, der es dir ermöglicht, Gedichte zu schreiben und zu zeichnen … und Kunst und Musik zu schätzen. Sieh diese Seite deines Gehirns angefüllt mit weißem und goldenem Licht.

Und dann spüre, wie das Licht durch die Nervenkanäle in deine Augen fließt … und sieh und spüre, wie deine Augen vom Licht erfüllt sind, und erkenne die Schönheit, die du mit Hilfe deiner Augen wahrnehmen kannst: die der Blumen und der Sonnenuntergänge und die der wunderschönen Menschen … all der Dinge, die du mit Hilfe deiner Augen genießen kannst.

Nun werde dir deiner Nase bewußt. Sie ermöglicht dir, zu riechen, zu atmen und zu schmecken … all die wunderbaren Geschmäcke und Gerüche in deinem Leben wahrzunehmen … die wundervollen Düfte der Blumen und die Essenz all der Speisen, die du gern ißt.

Und nun werde dir deiner Ohren bewußt … Sie ermöglichen dir, Musik zu hören, den Wind zu hören, das Rauschen der Brandung am Meer, das Singen der Vögel … und die Worte »Ich liebe dich« … und mit anderen Menschen zu diskutieren und dir ihre Ideen anzuhören, wodurch du zu einem besseren Verständnis der Dinge gelangst und dich weiterentwickelst.

Und nun spüre, wie alle Teile von dir, vom Kopf bis zu den Zehen, von deiner eigenen Liebe und deinem eigenen Licht umgeben und erfüllt sind … Nimm dir einen Augenblick Zeit, und entschuldige dich bei deinem Körper für alles, was du ihm angetan hast … für die Situationen, in denen du nicht gütig zu ihm warst und in denen du nicht liebevoll für ihn gesorgt hast … für die Situationen, in denen du nicht auf ihn gehört hast … für die Situationen, in denen du zuviel gegessen oder zuviel Alkohol oder Drogen konsumiert hast … für die Situationen, in denen du zu beschäftigt warst, um dich gut zu ernähren und um ihn zu trainieren … in denen du zu wenig Zeit hattest für eine Massage oder für ein heißes Bad … und für all die Situationen, in denen dein Körper umarmt oder berührt werden wollte und du dies verhindert hast.

Und dann spüre deinen Körper noch einmal … und sieh dich von Licht umgeben … Und lasse zu, daß dieses Licht sich von deinem Körper ausbreitet … hinaus in die Welt … daß es den Raum, der dich umgibt, erfüllt.

Nun bringe dieses Licht allmählich wieder in dich hinein, sehr langsam, zurück in deinen Körper, in dich selbst … und erlebe dich hier, jetzt, angefüllt mit Licht und Liebe und Wertschätzung deines Körpers … Und wenn du dann bereit bist, kannst du beginnen, dich zu strecken und zu spüren, wie Gewahrsein und Lebendigkeit in deinen Körper zurückkehren … Wenn du bereit bist, kannst du dich allmählich aufrichten und wieder auf den Raum, in dem du bist, fokussieren. Lasse zu, daß sich deine Augen öffnen. Nimm dir soviel Zeit, wie du brauchst, um in die Realität dieses Raumes zurückzukehren.

Üben verstärkt den Affekt

Diese Übung kann eine sehr starke Wirkung haben, die bei längerem Gebrauch oft noch verstärkt wird. Wenn man sich entspannt und sich der Übung widmet, können nützliche Dinge und Erkenntnisse in Erscheinung treten. Obwohl die Gefühle, die sich beim Üben einstellen, meist sehr angenehm sind, ist dies doch nicht immer der Fall. Beispielsweise kamen einer Studentin die Tränen, als sie die Übung das erste Mal ausführte, insbesondere als sie versuchte, ihren Beinen Wertschätzung zu erweisen. Sie hatte in jüngeren Jahren Tänzerin werden wollen, sich aber bei einem Brand an den Beinen starke Verbrennungen zugezogen. Ihr wurde klar, daß sie wegen des Unfalls immer noch wütend war und daß sie ihre Beine seit jenem Ereignis haßte. Sie entschloß sich, ihre Wut und ihre negativen Gefühle ihrem Körper gegenüber loszulassen. Als sie die Übung dann das nächste Mal ausführte, konnte sie diese sehr genießen. Diese Geschichte sollte Sie ermutigen, mit dem Üben fortzufahren und damit zu rechnen, daß die dadurch entstehende positive Wirkung im Laufe der Zeit stärker wird.

17

Selbstliebe und Wertschätzung zur Geltung bringen

Richten wir unsere Aufmerksamkeit nun wieder auf das Kern-Selbst, und denken wir an die Prämisse, daß bedingungslose Liebe für die psychische Gesundheit und für das Persönlichkeitswachstum unverzichtbar ist. *Bedingungslos* bedeutet, daß wir uns entscheiden zu lieben, obwohl es Unvollkommenheiten gibt, von denen wir uns wünschen würden, daß sie anders wären.

Hierzu ein Beispiel von zwei Übergewichtigen. Jane denkt: »Ich bin fett. Ich hasse mich.« Mary denkt: »Ich bin wirklich froh, ich zu sein. Ich würde mich aber noch besser fühlen und mein Leben noch mehr genießen, wenn ich nicht so viel wiegen würde.« Beachten Sie die unterschiedliche emotionale Tönung der Äußerungen Janes und Marys. Welche von beiden wird sich vermutlich eher dazu durchringen, einem Diät- und Trainingsplan zu folgen, um ihr Gewicht zu reduzieren? Welche von beiden wird mit größerer Wahrscheinlichkeit das angestrebte niedrigere Gewicht erreichen, ohne dabei völlig unglücklich zu werden?

In Kapitel 6, »Akzeptieren Sie die Wirklichkeit: Trotzdem!«, haben Sie folgende zentrale Konzepte kennengelernt:

1. Unangenehme äußere Bedingungen zu akzeptieren, ohne das Kern-Selbst zu verurteilen.

2. Menschen, die ihr Selbst hassen, neigen zu »*Weil … deshalb*«-Gedanken (z. B.: »Weil ich dick bin, [deshalb] hasse ich mich), die die Selbstachtung untergraben.

3. Die *Trotzdem*-Technik ermöglicht eine realistische, positive und unmittelbare Reaktion auf unangenehme Äußerlichkeiten – eine Reaktion, die das Selbstwertgefühl verstärkt, indem Sie den Wert von den Äußerlichkeiten unterscheidet und trennt.

In diesem Kapitel erweitern wir die *Trotzdem*-Fertigkeit mit Hilfe folgender Formel:

Obgleich _____, *gilt trotzdem* _____.

      (etwas Äußeres)   (eine Aussage, die Liebe/Wertschätzung ausdrückt)

Beispiel: *Obgleich* <u>ich übergewichtig bin</u>, *gilt trotzdem*, <u>daß ich mich liebe</u>.

Weitere *Trotzdem*-Aussagen sind:

→ Natürlich liebe ich mich.

→ Innerlich bin ich wirklich froh, ich zu sein.

→ Tief innen mag und schätze ich mich sehr.

Eine weitere Variante ist die Verwendung der Formel *Es ist wahr, daß* _____

_____, *und* _____.

Beispiel: *Es ist wahr*, <u>daß ich heute eine schlechte Leistung erbracht habe</u>, *und* <u>ich liebe</u>
<u>mich</u>. Vielleicht fallen Ihnen noch andere, ähnliche Sätze ein, die Ihnen besonders ge-
fallen.

Obgleich ... gilt trotzdem

Partnerübung

Wählen Sie einen Partner, und fordern Sie ihn auf, alle negativen Aussagen über Sie auszusprechen, die ihm einfallen, ganz gleich, ob sie zutreffen oder nicht. Beispiele:

→ Ich hasse dich!
→ Du bist ein Verlierer!
→ Du bist ein schrecklicher Chaot!
→ Warum mußt du immer alles vermasseln?

Stellen Sie bei jeder dieser Kritiken Ihr Ego ins Regal, und antworten Sie mit einer »*Obgleich ... gilt trotzdem*«-Aussage, die Ihre Liebe/Wertschätzung bezüglich Ihres Kern-
Selbst zum Ausdruck bringt. Auch hier werden Sie wahrscheinlich einige der Fertigkeiten,
die Sie mit Hilfe der kognitiven Therapie oder der »Sprache der Liebe« entwickelt haben,
benutzen. Wenn jemand Sie z.B. als »Verlierer« bezeichnet, könnten Sie darauf antworten:
»In Wahrheit bin ich ein Erfolgsmensch, der manchmal verliert. *Obgleich* ich manchmal
verliere, *gilt trotzdem*, daß ...« Wenn jemand behauptet, daß Sie ständig alles vermasseln,
können Sie denken: »*Obgleich* ich manchmal Dinge vermassele, *gilt trotzdem*, daß ...«

Selbstliebe und Wertschätzung (Übung)

1. Wählen Sie in den nächsten sechs Tagen jeweils drei Ereignisse aus, die Ihre Selbstachtung schädigen könnten (z. B.: Sie bemerken bei einem Blick in den Spiegel Tränensäkke unter Ihren Augen. Jemand kritisiert oder beschimpft Sie. Sie erbringen schlechte Leistungen. Sie erinnern sich daran, daß ein Mensch, den Sie sehr lieben, Sie nicht liebt).

2. Wählen Sie in Reaktion auf jedes Ereignis eine »*Obgleich* …, *gilt trotzdem*, *daß*«-Aussage, die Liebe/Wertschätzung zum Ausdruck bringt. Beschreiben Sie anschließend auf dem folgenden Arbeitsblatt das Ereignis oder die Situation, die benutzte Aussage und die Wirkung Ihrer Wahl und der stillen Anwendung der Aussage auf Ihre Gefühle. Das schriftliche Protokollieren verstärkt die Fertigkeit.

3. Diese Übung ermöglicht Ihnen, schwierige Ereignisse mit bedingungsloser Liebe zu erleben. Diese Liebe wird als *Gefühl* erlebt; versuchen Sie deshalb, jede der Aussagen mit emotionalem Ausdruck vorzubringen. Dazu können Sie das Kinn ein wenig anheben und sich bewußt um einen freundlichen Gesichtsausdruck bemühen.

Denken Sie daran, daß Liebe ein Gefühl ist. Außerdem ist sie eine Einstellung, mittels derer wir uns in jedem Augenblick Wohlbefinden wünschen; und schließlich ist sie eine Entscheidung, die wir jeden Tag treffen. Dies ist das Wesen von Hingabe. Hingabe ist etwas, wozu wir uns bewußt entscheiden.

Datum	Ereignis / Situation	benutzte Aussage	Wirkung
1.			
2.			
3.			
1.			
2.			
3.			
1.			
2.			
3.			
1.			
2.			
3.			
1.			
2.			
3.			
1.			
2.			
3.			

18

Augen der Liebe – eine Meditation

Diese Übung ist eine gute Möglichkeit, Ihnen zu helfen, sich freudig und im Bewußtsein Ihres Wertes zu erleben.

Suche dir einen ruhigen Ort, wo du dich ungestört etwa zehn Minuten lang entspannen kannst, entweder im Liegen oder im Sitzen.

Sobald du zur Ruhe gekommen bist, stelle dir vor, daß du dich in Gegenwart eines sehr vertrauenswürdigen und liebevollen Wesens befindest – eines Freundes, eines liebevollen Mitglieds deiner Familie, Gottes oder eines Wesens, das deiner Vorstellung entspringt. Dieses Wesen sieht dich realistisch und sehr liebevoll. Stelle dir vor, daß du dich durch die Augen dieses Wesens siehst – durch die Augen der Liebe. Was von dem, was du siehst, verdient Wertschätzung? Schaue ganz genau hin.

→ Siehst du eine physische Eigenschaft, die ansprechend oder attraktiv ist?
→ Achte auf alle angenehmen Persönlichkeitsmerkmale oder Charakterzüge, beispielsweise Intelligenz, Klugheit, Einfühlungsvermögen, Humor, Lachen, Integrität, Friedlichkeit, guten Geschmack oder Geduld.
→ Erkenne alle Talente und Fertigkeiten.
→ Achte auf das Erscheinungsbild über die rein physischen Eigenschaften hinaus, beispielsweise auf die (innere) Haltung, den Ausdruck oder das Lächeln.

Betrachte dich mit den Augen der Liebe und Wertschätzung, und genieße dieses Erlebnis einige Augenblicke lang.

Und nun kehre wieder in deinen Körper zurück. Spüre all die Gefühle der Liebe und Wertschätzung, die von diesem liebenden Wesen ausgehen – und fühle dich wohl, glücklich, ungezwungen und sicher. Sage im stillen zu dir: »Ich bin liebenswert«, und spüre, wie die Gefühle der Liebe und Wertschätzung in dir wachsen.

19

Das Gesicht im Spiegel mit Sympathie betrachten

Dies ist eine der wirksamsten Übungen in diesem Buch. Ich bin Chaplain N. Alden Brown von der U. S. Army zu Dank verpflichtet, weil er sie mir beigebracht hat.

Was sind Sie wert?

Einige antworten auf diese Frage:

→ Ich bin 12,50 Euro die Stunde wert. Soviel bezahlt mir mein Chef.

→ Ich bin gar nichts wert. Wenn Sie mir das nicht glauben, dann fragen Sie doch meine(n) Vater/Ehepartner/Freund(in) usw.

→ Ich bin nichts wert, außer, daß ich die Moral der Truppe stärke.

Wie bereits erwähnt wurde, können wir den Wert eines Menschen nicht verbindlich definieren. Versuchen wir das denn? Ja, wenn wir einen Menschen auf sein Gehalt, seine Versicherungspolicen, seinen Rang oder seine Position, seine Begabungen oder darauf, was wir von ihm bekommen können, reduzieren. Deshalb soll an dieser Stelle noch einmal der wichtigste Grundsatz wiederholt werden: Jeder Mensch ist von unendlichem, unveränderlichem und gleichem Wert.

Haben Sie sich schon einmal viel Zeit genommen, um in Ihre eigenen Augen zu schauen und Ihr Kern-Selbst zu sehen? Dadurch können Sie lernen, sich selbst zu mögen. Das erfordert zwar manchmal ein wenig Übung, aber wenn Sie sich diese Fertigkeit angeeignet haben, könnte das Ihre Ansichten über Spiegel grundlegend verändern.

Wie andere Menschen Sie sehen, kann durch die Art, wie die Betreffenden sich selbst sehen, verzerrt werden; doch ein Spiegel reflektiert Bilder ziemlich genau. Wenn Sie sich in einem Spiegel sehen, könnte Ihre Aufmerksamkeit auf Ihre äußere Erscheinung gelenkt werden: auf Ihre Kleidung, Ihr Haar, Ihre Makel oder auf andere Äußerlichkeiten.

In dieser Übung jedoch werden Sie sich anders sehen, vielleicht sogar anders, als Sie sich je gesehen haben.

Eine Spiegelung des Selbst (Übung)

1. Suche während der nächsten vier Tage mehrmals im Laufe eines Tages einen Spiegel auf.

2. Schaue deine Augen, die du im Spiegel siehst, mit den Augen der Liebe an. Während du dich anschaust, siehst du möglicherweise als erstes in und um deine Augen Anzeichen für Anstrengung. Schaue mit echtem Verständnis und emotionaler Anteilnahme. Versuche zu verstehen, was sich hinter dem Streß befindet, und lasse den Streß abklingen. Während du liebevoll tief in dein Inneres blickst, wirst du eine Veränderung in deinen Augen und in deiner ganzen Haltung wahrnehmen.

3. Wiederhole diese Übung oft. Das kannst du vor jedem Spiegel, sogar vor einem Autospiegel, tun.

Im Laufe der Zeit läßt diese einfache und doch sehr tiefgehende Übung ein sehr heilsames und gutes Gefühl in Ihnen Wurzeln schlagen und wachsen. Während Sie sich selbst in die Augen schauen und während Sie das Kern-Selbst sehen, nehmen Erscheinungen und Äußerlichkeiten die ihnen angemessene (nämlich sekundäre) Bedeutung an. Vielleicht fällt Ihnen auf, daß Sie anfangen, sich auf den Blick in den Spiegel zu freuen und ihn zu genießen, statt sich davor zu fürchten, weil Ihr Fokus nun auf das gerichtet ist, was von unendlichem Wert ist: auf den Kern – den Sie mit Liebe sehen.

20

Bedingungslose Liebe – ein Überblick

In diesem Teil haben wir einige sehr wichtige Ideen und Fertigkeiten untersucht, die mit dem zweiten Grundbaustein der Selbstachtung zusammenhängen, der bedingungslosen Liebe. Weil dieser Faktor so wichtig ist, werden wir nun einige der zentralen Ideen und Fertigkeiten, die ihn betreffen, noch einmal zusammenfassen.

Unterstützende Ideen

→ Liebe zum eigenen Kern-Selbst ist ein heilsames Gefühl. Außerdem beinhaltet dies die Einstellung, zu wollen, was für uns selbst das Beste ist, und eine Entscheidung, die täglich getroffen wird.
→ Psychische Gesundheit und inneres Wachstum hängen von der Liebe zum essentiellen Kern ab.
→ Liebe wird erlernt und durch Übung entwickelt.
→ Man ist dafür verantwortlich, die Liebe zum Kern-Selbst zu kultivieren. Man kann auf diese Liebe zählen, auch wenn man sich auf die Liebe anderer nicht verlassen kann.

Erworbene Fertigkeiten

→ Auffinden, Lieben und Heilen des Kern-Selbst
→ Von Güte geprägte Beschreibungen und Wechsel von Kanälen
→ Kreis der unterschiedlichen Gaben
→ Anerkennen und Akzeptieren positiver Eigenschaften
→ Entwickeln von Wertschätzung bezüglich des eigenen Körpers
→ Verstärken und Stärken der Wertschätzung des Körpers
→ Nutzen der »*Obgleich … gilt trotzdem*«-Fertigkeit
→ Augen der Liebe – eine Meditation
→ Das Gesicht im Spiegel lieben

Zur Verstärkung dieser wichtigen Ideen und Fertigkeiten möchte ich Sie nun bitten, sich ein wenig Zeit zu nehmen, um die nachfolgenden Fragen zu beantworten. Vielleicht möchten Sie zunächst noch einmal die Seiten dieses Teils durchblättern, um sich darüber klar zu werden, was Sie getan haben.

1. Die mit Faktor II zusammenhängenden Ideen, die für mich die größte Bedeutung haben, sind:

2. Die Fertigkeiten, an die ich mich am liebsten erinnern und die ich am liebsten nutzen möchte, sind:

3. Wovon benötigen Sie im Hinblick auf die Faktor-II-Übungen mehr? Gibt es bestimmte Fertigkeiten, die Sie gern häufiger üben würden? Nehmen Sie sich die Zeit, die Sie zum Ausführen der Übung benötigen.

Faktor III
Die aktive Seite
der Liebe: Wachsen

21

Die Grundlagen des Wachsens

Jede Entscheidung, die wir treffen, ist eine Aussage darüber,
wie sehr wir uns selbst schätzen.

– N. Alden Brown, Chaplain der U. S. Army

Selbstachtung ist ebensosehr eine Sache des Herzens wie des Denkens. Dies gilt insbesondere für den dritten Baustein der Selbstachtung, das Wachsen. Andere Bezeichnungen für Wachsen sind unter anderem:

→   Liebe in Aktion
→   Vollenden
→   Zum Erblühen bringen
→   Der »*Sogar noch mehr*«-Faktor

Die Bezeichnung »*Sogar noch mehr*«-Faktor stammt von meinem Lieblingslehrer. Er war groß und schlaksig, und einige sagten, er sei nicht besonders hübsch. Andere waren sogar der Meinung, er sehe alles andere als gut aus. Doch er wußte, daß seine Mutter ihn liebte, und deshalb mochten ihn alle. Seinen ersten Anzug, einen blauen, kaufte er sich im Alter von neunzehn Jahren. Und wenn er diesen Anzug mit einem frischen weißen Hemd und einer Krawatte trug und darüber nachdachte, wie er andere unterrichten und ihnen dienen könnte, sagte er, und er strahlte über das ganze Gesicht, wenn er dies erzählte: »Dann wurde ich noch hübscher!«

Faktor III, Wachsen, ist das ruhige Gefühl, *noch mehr* von dem zu sein, was Sie in Ihrem Kern sind. Mit anderen Worten: Wachsen beinhaltet die Entwicklung der Eigenschaften, die im Ansatz bereits vorhanden sind. Sie empfinden tiefe und stille Freude darüber, Sie selbst zu sein, weil Sie wissen, daß Sie der beste Mensch sind, der Sie sein können – in dem angemessenen und gleichförmigen Tempo, das speziell für Sie das beste ist.

Kurz gesagt, bedeutet Wachsen folglich:

→ Entwickeln unserer Fähigkeiten und Potentiale
→ Aufsteigen und Bewegung hin zur Exzellenz
→ Erhöhen der Menschlichkeit sowohl anderer als auch der eigenen

Wir haben das Kern-Selbst mit einem Kristall von unendlichem, unveränderlichem Wert verglichen – mit dem Vorhandensein jedes Attributs, das wir benötigen, im Stadium der Anlage. Faktor I, menschlicher Wert, sieht dies zutreffend. Faktor II, Liebe, stärkt den Kern, läßt ihn leuchten und bildet die Grundlage für Faktor III, Wachstum.

Wachsen oder der Vollendung zustreben bedeutet, den restlichen Schmutz zu entfernen und den Kern ins Licht zu erheben, so daß er noch heller leuchten kann.

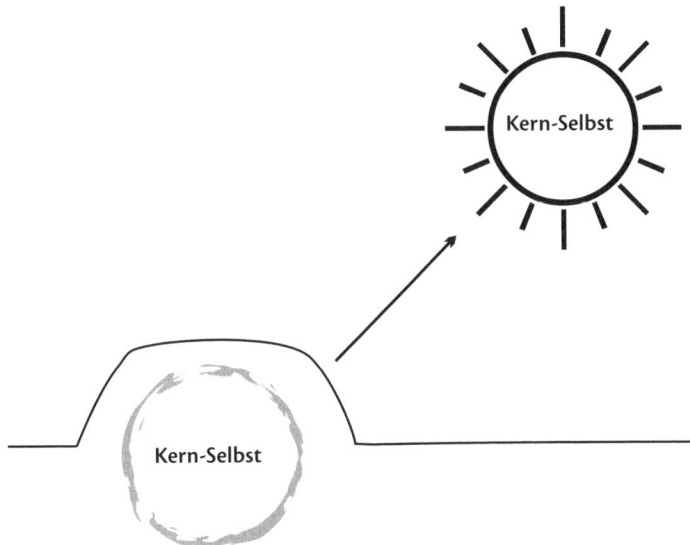

Liebe in Aktion: Die nächsten Schritte

Nachdem Sie bereits die kognitiven Verzerrungen entfernt haben, die den Kern verbergen oder verschmutzen können, sind die nächsten Aufgaben:

→ Liebevolle und das Selbst nährende Verhaltensweisen zu wählen;
→ Verhaltensweisen aus dem Umkreis des Kerns zu entfernen, die nicht liebevoll sind, weil sie das Selbst nicht nähren. Dazu zählen alle ungesunden oder lieblosen Praktiken, etwa der Konsum von Drogen, übermäßige Wut, Sex, bei dem der Partner zum Objekt gemacht wird usw. Liebloses Verhalten schließt auch ein, zuwenig zu schlafen, zuviel zu essen, zuviel zu rauchen und dergleichen mehr.

Die Förderung des persönlichen Wachstums ist eine der größten Freuden, die Menschen erleben können. Um es noch einmal zu wiederholen: Selbstachtung ist nicht das gleiche wie Selbstgefälligkeit. Hafen (1989) schreibt:

> [Einige verbreiten] die irreführende Vorstellung, Sich-selbst-Akzeptieren sei Zweck und Ziel aller therapeutischen Arbeit und persönlichen Entwicklung, nicht deren Anfang. Unter dieser Voraussetzung kann es dazu kommen, daß psychologische Beratung Menschen nicht in erster Linie hilft, sich zu verändern, sondern daß sie zum Ziel hat, daß sie sich schlicht und einfach wohler fühlen. Das mag gerechtfertigt sein, wenn man jemandem helfen will, mit einer unheilbaren Krankheit fertig zu werden; als Unterstützung des Prozesses inneren Wachstums und der Persönlichkeitsentwicklung hingegen wird es sich kaum als erfolgreich erweisen.

Selbstachtung – die realistische, von Wertschätzung geprägte Sicht der eigenen Person – beruht also auf einer Kombination von Selbst-Akzeptieren (Faktoren I und II) und Erblühen (Faktor III).

Aspekte des Wachsens

Faktor III – der Prozeß gesunden Wachsens – basiert auf folgenden zehn Prinzipien:

1. Wir sind dazu geschaffen, uns physisch, geistig, sozial, emotional und spirituell zu entwickeln – und wir werden uns entwickeln, wenn wir unsere Fähigkeiten entsprechend nähren und trainieren. Die Nahrung, die wir dazu benötigen, ist Liebe.

2. Unsere Fähigkeiten zu entwickeln ist eine Art, uns selbst zu lieben. Sie anderen zugute kommen zu lassen ist ein Ausdruck unserer Liebe zu ihnen.

3. Wachstum ist ein *Auswuchs* von bedingungslosem Wert und bedingungsloser Liebe, keine *Vorbedingung* für diese. Liebe ist der Boden für Wachstum. Wenn es am Empfinden bedingungslosen Wertes und bedingungsloser Liebe mangelt, kann sich durch Erfolg/Leistung/Produktion kaum Selbstachtung entwickeln. Deshalb sollte der Entschluß, sich zu entwickeln, auf den Faktoren I und II gründen (d.h., an ihnen sollte zuerst gearbeitet werden).

4. Wachsen bedeutet nicht, daß man über ein hohes Maß an Kompetenz verfügen muß, denn:

   → Untersuchungen zufolge führt Kompetenz nicht zwangsläufig zur Stärkung des Selbstwertgefühls.

   → Kompetenz, so wie der Begriff im allgemeinen verwendet wird, impliziert ein Resultat (z.B. vollendet, abgeschlossen, vollkommen).

Vielmehr ist Wachsen eine Wahrnehmung, die beinhaltet:

→ »Ich kann« (d.h., »Ich bin dazu in der Lage und verfüge über die Fähigkeit«)

→ »Ich befinde mich auf dem Weg und bewege mich in eine gewünschte Richtung.«

Somit ist Wachsen eine *Richtung* und ein *Prozeß*, kein Resultat, und hinsichtlich eines Prozesses kann man sich auch dann gut fühlen, wenn man ein angestrebtes Ziel (z. B. Perfektion) nicht erreicht.

5. Wenn wir unsere Fähigkeiten entwickeln, verändert, vergrößert oder beweist das nicht unseren Wert (dieser existiert schon bei unserer Geburt und ist schon dann unendlich und unveränderlich). Vielmehr drücken wir unseren Wert aus, während wir wachsen, wir verändern unsere Wahrnehmungen unserer selbst, wir erleben uns mit mehr Freude, Wertschätzung und Befriedigung, wir sehen unser wahres Kern-Selbst klarer, wir befördern uns in das Sonnenlicht, wo das Kern-Selbst heller leuchtet.

6. Gute Erlebnisse mit einem Freund verstärken im Laufe der Zeit unser Vertrauen und unsere gute Meinung über diesen Freund. Ebenso stärken und vergrößern gute Erlebnisse, die wir mit uns selbst haben, unsere Selbstwertschätzung.

7. Wachsen ist ein permanenter Prozeß. Anders als eine Rose, die erblüht und dann abstirbt, kann das Kern-Selbst auch dann noch weiter wachsen, wenn unsere äußere Hülle altert.

8. Wachstum findet nicht in Isolation statt, sondern geschieht in Abhängigkeit von äußeren Faktoren (d.h. mit Hilfe anderer, der Natur oder der Gnade).

9. Wachsen besteht einfach im Entwickeln von *Integrität* (moralischem Verhalten und Charakter) und in *heilsamem Vergnügen* (d.h. Vergnügen, das die Erholung fördert, ohne das Gewissen zu belasten, beispielsweise: Kunst, Schönheit, Hobbys, Lernen, Talente entwickeln, Dienen, Reinigen und Verschönern der Umgebung, Spielen, Arbeiten und Lieben).

10. Menschen wollen sich weiterentwickeln, um glücklicher zu sein. Wenn wir glücklicher sind, genießen wir in der Regel in stärkerem Maß unser Leben und uns selbst.

Fragen bezüglich des Wachstums

Sind Integrität und Vergnügen unvereinbar?

Integrität beinhaltet Integration oder Ganzheit. Sie impliziert, daß es keine Spaltung zwischen dem Verhalten und den Werten eines Menschen gibt. Wenn wir Integrität entwickeln, ist unser Selbsterleben in stärkerem Maße von Frieden geprägt. Winslow Homer[*]

---

[*] Amerikanischer Maler des 19. Jahrhunderts, Anm. d. Übers.

sagte: »Alles außerhalb meines Hauses und innerhalb meines Hauses und in mir selbst ist wunderschön.« Moralisches Verhalten wirkt beruhigend und ist gütig, friedvoll und ehrlich. Integrität entsteht, indem man den Tag mit dem Beschluß beginnt: »Heute werde ich die Integrität an die erste Stelle setzen.«

Obwohl einige die Auffassung vertreten, Vergnügen sei mit Integrität nicht zu vereinbaren, sollten wir bedenken, daß der katholische Heilige Franz von Assisi gesagt hat: »Kein Mensch kann ohne Freude leben; deshalb wendet sich ein Mensch, dem die Freuden der Seele [d. h., die Freude zu leben] verschlossen sind, fleischlichen Gelüsten zu.«

Gandhi hat erklärt, daß nicht das Vergnügen das Bewußtsein verdirbt, sondern Vergnügen ohne Gewissen (d. h. Vergnügen, das ausbeutet, mißbraucht oder Vertrauen verletzt). *Heilsames* Vergnügen wirkt erholsam und ist notwendig. Nur die Vergnügungen, die das menschliche Bewußtsein schwächen, sollte man meiden. In diesem Sinne läßt sich das Streben nach heilsamen Vergnügungen mit dem Streben nach Integrität vereinbaren.

Muß ich vollkommen integer sein, um meine Selbstachtung intakt halten zu können?

Innerer Frieden erfordert, daß man sein Bestes tut. Man kann nichts Besseres tun, als man zu tun versteht und/oder zu tun vermag. Da jeder Mensch fehlbar ist, erreicht niemand den Zustand der Vollkommenheit. Dennoch können wir unseren Wert erleben, wenn wir uns nach besten Kräften bemühen, »auf Kurs« zu bleiben und uns in die gewünschte Richtung zu bewegen.

Wann macht Wachsen keine Freude?

Wachsen macht keine Freude, wenn das Resultat zu einer dringenden Notwendigkeit wird. Wenn man sich beispielsweise zu einem erfolgreichen Verkäufer entwickeln *muß*, um sich als wertvoll empfinden oder um glücklich sein zu können, dann fühlt man sich getrieben und nicht voller Freude. In diesem Zusammenhang kommen wir noch einmal auf die Tatsache zurück, daß heilsames Wachsen von der Annahme ausgeht, daß bedingungsloser Wert und bedingungslose Liebe die Voraussetzungen sind, die es uns erst ermöglichen, den *Prozeß* des Wachsens ohne Furcht vor Mißerfolgen oder vor einer Verabsolutierung des Resultats genießen können. Verabsolutierung des Resultats und Angst vor Mißerfolg haben die gleichen Wurzeln: *an Bedingungen geknüpfter* Wert und *bedingte* Liebe.

Wachsen ist das Hinaufsteigen einer Treppe, nicht das Ankommen an ihrem Ende. Somit kann man den Fortschritt und die Richtung, in die man sich bewegt, genießen, ohne darüber frustriert zu sein, daß man den Zustand der Vollkommenheit nicht erreichen wird.

Reflexionen über die Förderung der Menschheit und des Selbst

Faktor III ist ein angenehmes, befriedigendes Streben – ein Streben über den aktuellen Entwicklungsstand hinaus und das Streben nach Kontakt zu anderen Menschen –, wie die folgenden Reflexionen erkennen lassen. Bitte nehmen Sie sich ein wenig Zeit, um über diese Gedanken zu meditieren.

Sobald du ein Selbst hast [d. h., wenn du dir deines eigenen Wertes sicher bist], fällt es dir leichter, dein Selbst im selbstlosen Dienen zu verlieren.
— ANONYMUS

Wenn ich nicht für mich bin, wer ist dann für mich? Doch wenn ich nur für mich bin, was bin ich dann?
— RABBI HILLEL, *Wisdom of Our Fathers*

Ich habe entdeckt, daß ich, wenn ich immer und nur für die ganze Menschheit gearbeitet hätte, so effektiv wie nur irgend möglich gewesen wäre.
— BUCKMINSTER FULLER

Das große Versäumnis der Erziehung ist, daß sie die Menschen stammesbewußt statt speziesbewußt gemacht hat.
— NORMAN COUSINS

Der höchste Sinn des Lebens besteht darin, es für etwas zu nutzen, das es überdauert.
— WILLIAM JAMES

Aus dem Alltagsleben weiß man, daß man für andere existiert … Das vergegenwärtige ich mir hundert Mal täglich.
— ALBERT EINSTEIN

Er hätte Glück und Ruhm ernten können, doch da ihm an beidem nichts lag, fand er Glück und Ehre, indem er der Welt half.

— Auf GEORGE WASHINGTON CARVERS* Grabstein

Der Wunsch, die Menschheit zu fördern – uns selbst, einen anderen Menschen und alle anderen –, ist das, was wir in der Alltagssprache Liebe nennen. Liebe beinhaltet, daß wir für das Objekt unserer Liebe das Beste wollen.

— JOHN BURT

Wenn du Schwächen hast, dann versuche, sie zu überwinden. Wenn dir dies nicht gelingt, dann versuche es noch einmal. Und wenn du es dann wieder nicht schaffst, dann versuche es weiter. Denn Gott ist seinen Kindern gnädig und zu uns wesentlich gütiger als wir uns selbst gegenüber.

— J. GOLDEN KIMBALL

Wenn nichts gelingt, dann versuche, jemandem, der es nicht erwartet, eine Freude zu machen. Du wirst staunen, wie gut du dich dann fühlen wirst.

— GEORGE BURNS

Wenn Sie diese … Regel befolgen könnten, würde [Ihre leichte Depression] innerhalb von vierzehn Tagen geheilt werden. Es geht darum, sich von Zeit zu Zeit zu überlegen, wie Sie einem anderen Menschen Freude bereiten können … Sie würden sich dann nützlich und wertvoll fühlen.

— ALFRED ADLER

Niemand braucht den Tod zu fürchten. Fürchten sollte man nur, zu sterben, ohne seine stärkste Kraft kennengelernt zu haben — die Kraft des freien Willens, das eigene Leben für andere Menschen hinzugeben.

— ALBERT SCHWEITZER

---

* Schwarzer amerikanischer Botaniker und Chemiker, Anm. d. Übers.

[Wir alle sind] *Handwerker, die ihre Talente nutzen.*

— Laura Benet

Wenn wir erkennen, was wir tun können, wissen wir in stärkerem Maße zu schätzen, wer wir sind.

— Anonymus

Dienen bedeutet, den Blick auf die dauerhafte Entwicklung anderer zu richten.

— Dallin H. Oaks

Die einzige Art, auf die Magie [d. h. Wachsen] *wirkt, ist hart zu arbeiten. Aber harte Arbeit kann Freude machen.*

— Jim Henson, Schöpfer der Muppets

Einige sagen, Prinzipien wirkten einschränkend. Ich sage, sie wirken befreiend. Einige sagen, Dienen sei Unterwürfigkeit. Ich sage, daß es adelt.

— Anonymus

22

Akzeptieren Sie, daß Sie nicht perfekt sind

Wachsen ist wie Bergsteigen. Wenn Sie wissen, daß Sie einen festen Halt haben, drücken Sie sich mit Vertrauen empor und haben Ihren Spaß. Die Faktoren I und II sind eine Art »sicherer Halt« beim Wachsen. Während Sie sich mit Freude Ihrem Wachstum widmen und Sie diesen Prozeß genießen, werden Ihnen möglicherweise einige Menschen die Laune verderben, indem sie Sie auf irgendeine Weise daran erinnern, daß Sie und/oder Ihre Bemühungen ganz und gar nicht perfekt sind. Die folgende *Trotzdem*-Fertigkeit unterscheidet sich leicht von den vorigen beiden, da sie folgende Form hat:

Obgleich *ich nicht perfekt bin*, gilt trotzdem _____ .

     (oder eine andere Tatsachenfeststellung)   (eine Aussage über Wachstum)

Nehmen wir beispielsweise an, jemand sagt zu Ihnen, Sie seien nicht in der Lage, irgend etwas richtig zu machen. Sie denken daraufhin:

Obgleich *ich nicht perfekt bin*, gilt trotzdem, daß *ich wachse*.

Weitere *Trotzdem*-Aussagen sind:

→ Zumindest versuche ich es.
→ Ich lerne.
→ Ich bin auf dem richtigen Weg und komme allmählich weiter.
→ Ich habe noch nicht viel Übung in dieser Sache und versuche damit zurechtzukommen.
→ Es macht mir Freude, es zu versuchen.
→ Ich glaube, daß ich besser werden kann.
→ Mein Wert ist unbegrenzt, ich schätze meine Bemühungen, und ich habe genauso das Recht, es zu versuchen wie jeder andere auch.

→ Ich »arbeite« noch daran.

→ Ich habe Freude daran.

→ Ich entwickle mich in anderer Hinsicht.

→ Das Lernen ist noch ein Abenteuer.

→ Ich bin heute mehr, als ich gestern war.

→ Ich lasse nicht locker, bis ich es geschafft habe.

Gibt es andere Sätze dieser Art, die Ihnen besonders gefallen?

Obwohl ich nicht perfekt bin … gilt trotzdem

Partnerübung

Wählen Sie für diese Übung einen Partner, und fordern Sie ihn auf, alle negativen Aussagen auszusprechen, die ihm in den Sinn kommen, ganz gleich, ob diese wahr oder falsch sind. Etwa:

→ Mein Frosch kapiert schneller als du!

→ Du und Gesangsunterricht?

→ Weil dein Erinnerungsvermögen so schlecht ist, konnten wir diesen Gewinn nicht realisieren!

→ Du wirst es nie zu etwas Vernünftigem bringen!

→ Warum bist du nur so langsam?

→ Deine Persönlichkeit nervt mich!

Versuchen Sie bei jeder dieser Kritiken, Ihr Ego zu ignorieren und mit einer »*Obgleich ich nicht perfekt bin, gilt trotzdem*«-Aussage zu antworten. Versuchen Sie Ihren Humor zu behalten und mit einem Ausdruck von Optimismus zu antworten.

Akzeptieren der eigenen Unvollkommenheiten (Übung)

1. Wählen Sie für jeden der kommenden sechs Tage drei Ereignisse aus, die Ihre Selbstachtung unterminieren könnten.

2. Reagieren Sie auf jedes dieser Ereignisse mit einer »*Obgleich ich nicht perfekt bin, gilt trotzdem*«-Aussage. Beschreiben Sie im Arbeitsblatt auf der nächsten Seite das Ereignis oder die Situation, die benutzte Aussage und die emotionale Wirkung, die Sie aufgrund der Wahl dieser Aussage und aufgrund der stillschweigenden inneren Vergegenwärtigung derselben erlebt haben. Diese Übung schriftlich auszuführen verstärkt die Fertigkeit.

Datum	Ereignis / Situation	benutzte Aussage	Wirkung
1.			
2.			
3.			
1.			
2.			
3.			
1.			
2.			
3.			
1.			
2.			
3.			
1.			
2.			
3.			
1.			
2.			
3.			

23

Nur so zum Spaß (Nachdenken über Möglichkeiten)

Jim Henson, der Schöpfer der Muppets, wurde allgemein geschätzt wegen seiner kindlichen Eigenschaften, womit die netten und anrührenden Eigenschaften eines Kindes gemeint sind. Vergegenwärtigen Sie sich einmal die folgenden für Kinder typischen Eigenschaften:

→ Entdeckerfreude / Staunen / Neugierde
→ Verletzbarkeit
→ Wärme
→ Mitgefühl
→ Verständnis
→ Begeisterung
→ Offenheit
→ Eifer
→ Vertrauen
→ Fähigkeit, (Montegu 1988):
  • zu lernen
  • zu leben
  • zu wachsen
  • sich etwas vorzustellen / zu phantasieren / zu träumen
  • zu experimentieren
  • zu erforschen
  • offen zu sein
  • zu lieben
  • zu arbeiten
  • zu spielen
  • zu denken

Zwar mögen die Stürme des Lebens die Flammen einiger dieser Eigenschaften verringern, doch erlischt ihre Glut nie völlig. Eine der Schönheiten der Reife ist, daß man oft die Weisheit und die emotionale Sicherheit erlangt hat, die es ermöglicht, diese Qualitäten wieder zu kultivieren.

Eine kurze Bestandsaufnahme

Bitte notieren Sie Ihre Antworten auf folgende Fragen:

1. Was gefällt Ihnen an Ihrer Persönlichkeit? (Eigene Stärken anzuerkennen ist eine Art, sich selbst zu lieben.)

2. Beantworten Sie die Frage »Was würden Sie gern verändern?« Benutzen Sie dazu folgende Formel:

Es ist wahr, daß ich manchmal _____;

(Beschreiben Sie das Verhalten)

deshalb würde ich gern mehr _____.

(Beschreiben Sie die Eigenschaft)

(Es ist keine Schande, Mängel zu haben. Aber achten Sie auf den positiven emotionalen Ton des sachlichen Anerkennens der Realität und das gleichzeitige Registrieren von Möglichkeiten.)

Attraktive und einladende Eigenschaften

Wo keine Offenbarung ist, wird das Volk wild und wüst.
— SPRÜCHE SALOMO 29:18

Welche Charaktereigenschaften lassen einen Menschen als attraktiver erscheinen? Der Psychologe J. Brothers (1990) bezeichnete die folgenden Persönlichkeitsmerkmale als charakteristisch für ältere Menschen, die als attraktiv und offen empfunden werden. Man könnte die Auffassung vertreten, daß diese Eigenschaften für Menschen aller Altersstufen wichtig sind, also auch für Sie.

1. Markieren Sie die einzelnen Eigenschaften mit einem Häkchen, wenn auch Sie der Meinung sind, daß dieses Merkmal sich positiv auf die Attraktivität eines Menschen auswirken würde.

____ frohgemut

____ selbstsicher

____ aufmerksam

____ Freude an Sinneseindrücken (genießt Essen, die Natur usw.)

____ am anderen Geschlecht interessiert

____ begeistert vom Leben

____ optimistisch (kritisiert andere und sich selbst nicht ständig)

____ gesund und kräftig (bei guter Kondition und Gesundheit)

____ innerlich stark (lernt aus Fehlern, ohne sich damit zu quälen)

____ verletzlich (spürt eigene Mängel und läßt sie zu)

____ tritt zu Menschen als Individuen in Kontakt (beobachtet, lächelt, redet mit anderen, dankt ihnen)

____ liebenswürdig

____ gut

____ konzentriert sich auf Qualitäten, nicht auf Mängel

____ Freude (hat Freude, ist ein erfreulicher Umgang, flirtet manchmal zum Spaß)

____ bringt männliche und weibliche Aspekte zum Ausdruck; ist flexibel

____ genießt Freundschaften mit beiden Geschlechtern (sieht Menschen als ganze, komplexe Individuen)

2. Gibt es noch andere Persönlichkeitsmerkmale, die Sie dieser Liste gern hinzufügen möchten? Welche sind es?

3. Wenn Sie vier der oben genannten Merkmale auswählen sollten, auf die Sie sich dann konzentrieren – einfach so für sich, nur zum Spaß –, welche wären es dann?

a.

b.

c.

d.

24

Eine Bestandsaufnahme
Ihres Charakters

Selbstachtung ist nicht identisch mit positivem Denken, wobei Sie sich einreden, wie wunderbar und perfekt Sie sind, in der Hoffnung, sich auf diese Weise genau diese Eigenschaften aneignen zu können. Diese Art zu denken ist emotional unreif und aufreibend, weil sie nicht in der Realität verwurzelt ist. Menschen mit intakter Selbstachtung brauchen sich nicht »aufzublasen«. Sie sind so sicher, daß Sie sowohl ihre Stärken als auch ihre Schwächen adäquat einschätzen können. Wachsen beginnt mit einer ehrlichen Bestandsaufnahme des aktuellen Entwicklungsstandes. Dies kann sehr selbstbestärkend wirken und den Optimismus fördern, sofern dabei dem essentiellen Kern die ihm gebührende Aufmerksamkeit geschenkt wird.

Die im folgenden beschriebene Aktivität basiert auf der Bestandsaufnahme der geistig-seelischen Verfassung *(moral inventory)* der Anonymen Alkoholiker. AA-Mitglieder lernen, daß ein Lebensmittelhändler, der Inventur macht, einfach zählt, was da und was nicht da ist. Er urteilt nicht, sondern zählt nur. Wenn wir eine Bestandsaufnahme durchführen, tun wir nur dies, ohne das essentielle Selbst zu beurteilen.

Diese Aktivität wird die »liebevolle, furchtlose, suchende und ehrliche Bestandsaufnahme« genannt. Sie ist *liebevoll*, weil die Liebe die Furcht vertreibt. Mit Liebe und ohne Furcht akzeptieren wir einfach, wo wir im Augenblick stehen. Furcht entsteht, wenn ein Mensch seinen Kern negativ beurteilt. Was wäre beängstigender, als zu dem Schluß zu gelangen, daß man bis in den innersten Kern hinein schlecht ist? Der Stempel »schlecht« ist irrational, weil er den Eindruck entstehen läßt, man sei völlig und immer schlecht. Eine realistischere Sicht beinhaltet, daß man im Kern unendlich wertvoll ist, aber ein paar Mängel aufweist. Die Bestandsaufnahme ist *ehrlich* und *moralisch*, weil wir ehrlich sowohl Stärken als auch Schwächen suchen und benennen. Wenn wir nur Schwächen vorfinden würden, so müßte man von einer *unmoralischen* Bestandsaufnahme sprechen. Wir sehen etwas als moralisch an, wenn es langfristig dem Wohl der Menschheit förderlich ist, und als unmoralisch, wenn dies nicht der Fall ist.

Die Bestandsaufnahme orientiert sich am BASIC-MID-Muster, das der Psychologe Arnold Lazarus (1984) entwickelt hat (Verhalten [*behavior*], **A**ffekt, Empfindungen [*sensations*], Vorstellungsbilder [*imagination*], Kognitionen [*cognitions*], **M**oral, **i**nterpersonale Beziehungen, Medikamente/**D**rogen/Biologie). Stärken und Schwächen nebeneinander zu betrachten hilft uns, unsere Schwächen in der richtigen Proportion zu sehen. Das bedeutet, daß wir Schwächen als Bereiche ansehen, die wir stärken und entwickeln können. Sie sind nicht repräsentativ für den gesamten Kern. Mit den einzelnen Dimensionen des BASIC-MID-Modells sind jeweils bestimmte Arten zu wachsen und sich zu entwickeln assoziiert. Denken Sie stets daran, daß das Anerkennen Ihrer gegenwärtigen Realität Ihnen Klarheit über Ihre Orientierung und Ihre Ziele verschaffen kann.

Eine Liste moralischer Stärken

Wir können im stillen, aber dadurch ehrlicher, Listen unserer Stärken zusammenstellen, denn in dieser Hinsicht sind die meisten von uns unehrliche Buchhalter und benötigen die Bestätigung eines »unabhängigen Prüfers«.

— NEAL A. MAXWELL (1976)

Es folgt eine Liste von Eigenschaften, die man als moralische Stärken bezeichnen könnte, weil sie die wohlverstandenen Menschheitsinteressen fördern, also auch unsere eigenen.

1. Markieren Sie bitte unter den im folgenden aufgeführten Eigenschaften alle, die bei Ihnen in nennenswertem Maße vorliegen (es geht also nicht um Perfektion):

____ Integrität		____ Respekt sich selbst gegenüber
____ Mitgefühl		____ Ehrlichkeit
____ Liebe		____ Hilfsbereitschaft
____ Tugend		____ Bereitschaft, andere zu unterstützen
____ Wissen		____ Zuneigung
____ Geduld		____ Bedachtsamkeit
____ Güte		____ Toleranz gegenüber Vielfalt
____ Demut/Bereitschaft, Mängel zuzugeben		____ Vertrauen
		____ moralische Sauberkeit
____ Respekt anderen gegenüber		____ Pflichtgefühl/Verantwortungsbewußtsein

____ Sorge um den eigenen Ruf

____ Bereitschaft zu vergeben

____ Freundlichkeit

____ Bußfertigkeit/Bereitschaft zu
angemessener Reue

____ Hoffnung/Optimismus

____ Sparsamkeit

____ Selbstlosigkeit/Bereitschaft zu dienen

____ Bereitschaft zu teilen

____ Liebenswürdigkeit

____ Höflichkeit

____ Dankbarkeit

____ Wertschätzung

____ Zuverlässigkeit/Worthalten

2. Markieren Sie unter den obigen Punkten diejenigen mit einem Kreis, die zu entwickeln Ihrem inneren Wachstum oder Ihrem Glück zugute kommen würde.

Acht Lebensbereiche einschätzen

Im BASIC-MID-Check-up- und -Planungsformular schätzen Sie Ihr Leben in den im folgenden beschriebenen acht Bereichen ein. Bedenken Sie dabei, daß Sie nach einem allgemeingültigen Muster Ausschau halten. Natürlich erleben die meisten von uns viele der erwähnten Schwächen gelegentlich.

1. **Verhalten** beinhaltet Dinge, die Sie tun – Handlungen, Gewohnheiten, Gesten und Reaktionen. Zu den Stärken in diesem Bereich könnten gehören: Pünktlichkeit, ein angenehmer Ausdruck, Reinlichkeit, Einplanung von Zeit für Erholung, Stetigkeit, gemessenes Reden, attraktive Kleidung und guter Pflegezustand oder die Fähigkeit, berufliche Aufgaben ordnungsgemäß abzuschließen. Zu den Schwächen dieses Bereichs können zählen: Vermeiden schwieriger Situationen oder Rückzug von ihnen; Aufschieben, Stirnrunzeln oder Grimassen schneiden, Verliererhaltung, Neigung zur Desorganisiertheit; Versuch, andere Menschen der eigenen Kontrolle zu unterwerfen; Brüllen, ablehnendes Schweigen, Zwangsverhalten sowie Ungeduld und Rücksichtslosigkeit beim Autofahren.

2. **Affekt** bezieht sich auf die Gefühle, die Sie empfinden. Zu den Stärken dieses Bereichs könnten Optimismus, Friedfertigkeit, Wertschätzung der eigenen Person, Zufriedenheit mit dem, was Sie besitzen, Frohsinn oder innere Ruhe zählen. Mit dem Bereich verbundene Probleme könnten sein: chronische Depression, Angst, Wut, Sorgen, Schuldgefühle und Selbstantipathie.

3. **Körperliche Empfindungen** stehen mit den fünf Sinnen in Verbindung. Zu den Stärken dieses Bereichs könnten zählen, daß man den Wind/bestimmte Geschmäk-ke/Gerüche/Klänge/Anblicke genießt. Mit dem Bereich verbundene Probleme bzw. Symptome sind chronische Kopfschmerzen, Anspannung, Übelkeit, Benommenheit, Angespanntheit des Bauchbereichs und ausschließliches Sehen negativer Aspekte in der Umgebung, also Ignorieren des Schönen.

4. **Vorstellungsbilder**. Stärken können im Visualisieren eines angenehmen zukünftigen Urlaubs, im Erleben angenehmer Träume oder eines angenehmen Gefühls beim Sehen des eigenen Spiegelbildes bestehen. Zu den Problemen können Alpträume von Mißer-folgen zählen, ein Selbstbild als defekt oder das Fokussieren auf negative Aspekte beim Blick in den Spiegel.

5. **Kognitionen**. Probleme werden hier durch kognitive Verzerrungen angezeigt. Stärken werden durch realistischen Optimismus (d.h., daß zwar nicht alles perfekt ist, ich aber etwas finden werde, das ich genieße und wodurch ich wachsen oder mich verbessern kann), kognitive Fertigkeiten wie etwa die *Trotzdem*-Fertigkeiten (siehe die Kapitel 6, 17 und 22) oder die kognitive Probe (siehe Kapitel 14) angezeigt.

6. **Moral** bezieht sich auf den Charakter und das Verhalten. Zu den Stärken können in diesem Fall alle bereits genannten Qualitäten zählen. Schwächen sind deren Gegen-teile.

7. **Interpersonale Beziehungen** beschreibt die Qualität von Beziehungen. Zu den Stär-ken zählen in diesem Bereich gute Vertrauensbeziehungen, hohe Priorität der Familie und von Freunden, der Umgang mit anderen Menschen außer Arbeitskollegen usw. Negative Symptome könnten das Fehlen von Freunden, Aggression (z.B. in Form von Beschimpfung, Gewalttätigkeit oder Sarkasmus) sein, der konsequente Rückzug von Menschen, die Sie enttäuschen, sowie mangelndes Selbstbehauptungsvermögen (z.B. zuzulassen, daß man von anderen ausgenutzt wird).

8. **Medikamente/Drogen/Biologie** Dieser Bereich bezieht sich auf die aktuellen ge-sundheitsrelevanten Gewohnheiten. Die Achtung vor der eigenen Körperlichkeit ge-langt in Gewohnheiten zum Ausdruck, die Stärken sind; zu diesen zählen angemessene Ruhe und Entspannung, regelmäßiges Körpertraining und gute Ernährung. Junk-food, ständiger Konsum von Beruhigungsmitteln oder Schlaftabletten, Rauchen oder Dro-genmißbrauch spiegeln eine Geringschätzung der eigenen Gesundheit und/oder der eigenen Existenz.

Die »liebevolle, furchtlose, suchende und ehrliche Bestandsaufnahme« – Das BASIC MID-Check-up- und -Planungsformular

1. Führen Sie unter den acht Bereichen des BASIC MID-Check-up- und -Planungsformulars aktuelle Stärken oder die augenblicklich positiven Aspekte Ihres Lebens auf.

2. Welche Bereiche Ihres Leben sind im Moment problematisch? Womit sind Sie nicht zufrieden? Beschreiben Sie diese Dinge für alle Bereiche des BASIC MID jeweils in der Rubrik für aktuelle Schwächen.

3. Wenn Sie sich Ihre aktuellen Schwächen anschauen, was glauben Sie dann, wie sich Ihr Leben verändern würde, wenn Sie an der Entwicklung dieser Bereiche arbeiten würden? Beschreiben Sie Ihr Leben in jedem der acht Bereiche. Denken Sie über Fragen wie die folgenden nach: Wenn ich weniger ängstlich wäre, was würde ich dann anders sehen oder hören? Wir würde sich dies auf meine Beziehungen auswirken?

4. Vermerken Sie für jeden BASIC-MID-Bereich, was Sie tun könnten, um sich zu verändern bzw. zu wachsen. Bedenken Sie, daß die Möglichkeiten, die Sie vorschlagen, zur Festigung von Stärken und zur Entwicklung zur Zeit schwächerer Bereiche dienen sollen. Dies kann ein hohes Maß an kreativem Denken erfordern. Für jeden schwachen Bereich gibt es viele Entwicklungsmöglichkeiten, ebenso wie man einen geschwächten Muskel durch viele unterschiedliche Übungen stärken kann. Zwecks besserer Sorge für den eigenen Körper könnte man entsprechende Bücher lesen, in einem Fitneßcenter trainieren, einen Ernährungsspezialisten um Rat fragen oder ein Walking-Programm für ältere Menschen organisieren. Um Angstsymptome zu verringern, könnte man lernen, den Atem zu beeinflussen und die Muskeln zu entspannen, oder einen versierten Psychotherapeuten um Hilfe bitten. Die Neigung zu starker Wut könnte man durch Auflösung kognitiver Verzerrungen, durch Stärkung des Selbstwertgefühls und durch Anwendung von heilungsfördernden Fertigkeiten verringern und/oder indem man lernt zu vergeben. Vieles, was Wachstum und Entwicklung förderlich ist, können Sie selbst tun. Zu erkennen, wann Hilfe erforderlich ist, und diese Hilfe tatsächlich zu finden, sind Anzeichen für eine intakte Selbstachtung.

Beim Ausführen dieser Übung werden Sie zu einigen interessanten Erkenntnissen gelangen. Beispielsweise könnte sich die Frage stellen, ob Alkoholismus ein moralisches Problem ist. Das ist nicht der Fall, wenn man ihn als Sucht versteht und sich weigert, über den essentiellen Kern eines Süchtigen zu urteilen. Hingegen ist es der Fall, wenn man bedenkt, daß das *Verhalten* des Betreffenden sich auf seine Familie und ihn selbst negativ auswirkt. Sollte man das Problem Alkoholismus demnach der Rubrik Medikamente/Drogen/Biologie oder eher der Rubrik Moral zuordnen? Nach meiner Auffassung ist das nicht entscheidend. Sinn und Zweck der Übung ist, Ihnen bewußter zu machen, welche Bereiche Ihr Leben im positiven oder negativen Sinne beeinflussen. Weil es unter den acht Kategorien Überschneidungen geben kann, ist letztendlich unwichtig, welcher Kategorie eine Stärke oder eine Schwäche zugeordnet wird. Entscheidend ist, daß sie gesehen wird und daß Sie sich weigern, ein Urteil über den Kern zu fällen oder sich zu verdammen, weil Sie unvollkommen sind.

Nehmen Sie sich zum Ausfüllen des Formulars soviel Zeit, wie Sie brauchen. Vielleicht wollen Sie zunächst einmal darüber schlafen und sich das Blatt im Laufe von drei Tagen mehrmals vornehmen.

5. Wählen Sie einen der Einträge aus Punkt 4, bei dem Sie sich relativ sicher sind, daß Sie Fortschritte machen und Freude an dem Prozeß haben werden. Tun Sie dann eine Woche lang alles Nötige, um in diesem Bereich Fortschritte zu erzielen.

6. Nehmen Sie sich fest vor, sich mit diesem Planungsformular jeden Monat erneut zu beschäftigen, um festzustellen, wo Sie hinsichtlich Punkt 4 angelangt sind, und um über neue Ziele nachzudenken.

Wachstum ist nicht über Nacht möglich. Einige sind enttäuscht, wenn das nicht der Fall ist. Noch einmal an den Selbstporträt-Vergleich anknüpfend, könnte man es als nützlich bezeichnen, sich zu vergegenwärtigen, daß die Fertigstellung eines klassischen Gemäldes jahrelange Arbeit erfordert. Im Fall des Wachsens jedoch wird das Porträt nie fertig; seine Entwicklung ist ein fortlaufender, nie zum Abschluß gelangender Prozeß.

BASIC-MID-Check-up- und -Planungsformular
Die »liebevolle, furchtlose, suchende und ehrliche Bestandsaufnahme«

Verhalten	Affekt	Empfindungen	Vorstellungs-bilder	Kognitionen	Moral (Verhalten & Charakter)	interpersonale Beziehungen	Medikamente/ Drogen/ Biologie
aktuelle Stärken							
aktuelle Schwächen (Symptome/Probleme)							
Wie wäre das Leben anders, wenn ich meine schwächeren Bereiche entwickeln würde?							
Was ich tun könnte, um mich zu verändern / um zu wachsen							

25

Freude erleben

Die größte Herausforderung im Leben ist, sich des Lebens zu erfreuen.
— Nathaniel Branden

Zwischen 1970 und 1990 wurde die durchschnittliche Jahresarbeitszeit in Amerika um über 160 Stunden verlängert und die Freizeit entsprechend verkürzt – trotz allen technologischen Fortschritts. Menschen neigen generell dazu, Aktivitäten, die ihnen Freude machen, aufzugeben, wenn sie zuwenig Zeit haben (Lewinsohn, Munoz, Youngren & Zeiss 1986). Durch Streß und Mangel an Freude wird ihre Stimmungslage schlechter. Je deprimierter Menschen sind, um so stärker leidet ihre Selbstachtung, und umso unwahrscheinlicher ist es, daß ihnen Aktivitäten, die ihnen vorher Freude gemacht hatten, noch gefallen werden. Deshalb versäumen sie es, sich diesen befriedigenden Aktivitäten zu widmen, die ihre Stimmung verbessern und ihre Selbstachtung stärken würden.

Wenn ein Mensch nicht genügend Freizeit hat, wird es für ihn schwierig, sich auf andere Weise als über die Arbeit oder das Gehalt zu definieren. Die Harvard-Ökonomin Juliet Schor (1991) berichtet, als Arbeiter einer britischen Fabrik wegen Absatzproblemen keine Überstunden mehr machen konnten, sei es bei ihnen zu einer deutlichen körperlichen und emotionalen Erholung gekommen. Weil sie generell mehr Zeit hatten, einschließlich der Wochenenden und Urlaube, entstanden neue Freundschaften, und sie wußten wieder mehr mit ihrem Leben anzufangen. Geld verlor für sie seine vorherige Vorrangigkeit. Selbst diejenigen, die Familien zu versorgen hatten, zogen die neue Regelung mit wenigen Ausnahmen vor.

Deshalb wollen wir die These aufstellen, daß das Erleben von Freude eine Fertigkeit ist, die Erwachsene lernen, wiedererlernen und/oder verstärken müssen. Diese erhält das emotionale Gleichgewicht und stärkt das Selbstwertgefühl, indem sie uns hilft, uns auf vielfältige angenehme Weisen zu erleben. Damit soll nicht der Eindruck erweckt werden, es sei nicht möglich oder gewollt, Freude an der eigenen Arbeit zu haben. Vielmehr geht es darum, der in der heutigen Kultur bestehenden Tendenz einer zu eingeschränkten Definition des Menschen über seine Arbeit entgegenzuwirken. Die im folgenden beschriebene

Aktivität wird Ihnen helfen, zu entdecken oder wiederzuentdecken, was für Sie angenehm ist, und einen Plan zu entwickeln, der es Ihnen ermöglicht, einige dieser Dinge zu tun.

Planen angenehmer Aktivitäten

Die im Folgenden beschriebene Übung wurde von Peter Lewinsohn und Kollegen (1986) entwickelt.

1. Die folgende Liste angenehmer Ereignisse umfaßt ein großes Spektrum von Aktivitäten. Markieren Sie in Spalte 1 die Aktivitäten, die Ihnen in der Vergangenheit Freude gemacht haben. Bewerten Sie anschließend mit einem Wert zwischen 1 und 10, als wie angenehm Sie diese Aktivitäten jeweils empfunden haben, wobei der Wert 1 sehr geringe Freude und der Wert 10 starke Freude reflektiert. Auch diese Bewertung wird in Spalte 1 vermerkt, und zwar neben dem Häkchen. Hat es Ihnen beispielsweise Freude gemacht, mit glücklichen Menschen zusammen zu sein, jedoch keine Freude, mit Freunden oder Verwandten Kontakt zu pflegen, sähen die ersten beiden Punkte in Ihrem Fall wie folgt aus:

✓ (5) _____ _____   1. Mit glücklichen Menschen zusammen sein.

_____ _____   2. Mit Freunden / Verwandten zusammen sein.

Liste angenehmer Ereignisse
Soziale Interaktionen
Diese Ereignisse finden im Beisein anderer Menschen statt. Sie bewirken häufig, daß wir uns akzeptiert, geschätzt, gemocht, verstanden usw. fühlen. In manchen Fällen werden Sie eine bestimmte Aktivität einer anderen (weiter unten folgenden) Gruppe zuordnen wollen. Die Gruppenzuordnung ist jedoch nicht wichtig.

Spalte 1 Spalte 2

_____ _____   1. Mit glücklichen Menschen zusammen sein

_____ _____   2. Mit Freunden / Verwandten zusammen sein

_____ _____   3. An Menschen denken, die ich mag

_____ _____   4. Mit Menschen, an denen mir viel liegt, eine Aktivität planen

_____ _____   5. Einen Menschen des eigenen Geschlechts kennenlernen

_____ _____   6. Einen Menschen des anderen Geschlechts kennenlernen

_____ _____   7. Einen Club, ein Restaurant, Gasthaus usw. besuchen

_____ _____ 8. An einer Feier teilnehmen (Geburtstag, Hochzeit, Taufe, Party, Familientreffen usw.)

_____ _____ 9. Einen Freund zum Lunch oder auf einen Drink treffen

_____ _____ 10. Offen und ehrlich reden (z.B. über Ihre Hoffnungen, Ängste, über das, was Sie interessiert, zum Lachen bringt, traurig macht)

_____ _____ 11. Echte Zuneigung ausdrücken (verbal oder körperlich)

_____ _____ 12. Interesse an anderen Menschen zeigen

_____ _____ 13. Erfolge und Stärken von Familienangehörigen oder Freunden bemerken

_____ _____ 14. Mit einem (potentiellen) Partner ausgehen (dieser Punkt gilt auch für Verheiratete)

_____ _____ 15. Ein angeregtes Gespräch führen

_____ _____ 16. Freunde zu sich einladen

_____ _____ 17. Freunde besuchen

_____ _____ 18. Jemanden anrufen, mit dem zu reden mir Freude macht

_____ _____ 19. Sich entschuldigen

_____ _____ 20. Menschen anlächeln

_____ _____ 21. Mit Menschen, mit denen ich zusammenlebe, ruhig über Probleme reden

_____ _____ 22. Komplimente machen, loben

_____ _____ 23. Andere aufziehen, necken

_____ _____ 24. Andere Menschen amüsieren oder sie zum Lachen bringen

_____ _____ 25. Mit Kindern spielen

_____ _____ 26. Weitere: _____

Aktivitäten, die Ihnen das Gefühl geben, fähig, liebevoll, nützlich, stark oder von Wert zu sein

_____ _____ 1. Mit einer schwierigen Arbeit beginnen oder sie gut ausführen

_____ _____ 2. Etwas Neues lernen (z.B. Lecks abdichten, sich mit einem neuen Hobby beschäftigen, eine neue Sprache lernen)

_____ _____ 3. Jemandem helfen (beraten, zuhören)

_____ _____ 4. In einer religiösen, wohltätigen oder anderweitigen Gruppe mitarbeiten

_____ _____ 5. Gut Auto fahren

_____ _____ 6. Mich klar ausdrücken (verbal oder schriftlich)

_____ _____ 7. Etwas reparieren (nähen, ein Auto oder Fahrrad reparieren usw.)

_____ _____ 8. Ein Problem oder Rätsel lösen

_____ _____ 9. Körpertraining

_____ _____ 10. Denken

_____ _____ 11. Eine Versammlung (Fachtagung, Geschäftsbesprechung, politische Versammlung) besuchen

_____ _____ 12. Kranke, ans Haus Gebundene, Gebrechliche besuchen

_____ _____ 13. Einem Kind eine Geschichte erzählen

_____ _____ 14. Eine Karte, eine Nachricht oder einen Brief schreiben

_____ _____ 15. Meine äußere Erscheinung verbessern (ärztliche oder zahnärztliche Hilfe in Anspruch nehmen, die Ernährung verbessern, zum Friseur oder zur Kosmetikerin gehen)

_____ _____ 16. Einen Zeitplan entwickeln

_____ _____ 17. Über politische Themen reden

_____ _____ 18. Ehrenamtlich oder gemeinnützig tätig sein

_____ _____ 19. Ein Budget planen

_____ _____ 20. Gegen Ungerechtigkeit protestieren, jemanden schützen, Betrug oder Mißbrauch verhindern

_____ _____ 21. Ehrlich, moralisch usw. sein

_____ _____ 22. Fehler korrigieren

_____ _____ 23. Eine Party organisieren

_____ _____ 24. Andere: _____

Generell angenehme Aktivitäten

_____ _____ 1. Lachen

_____ _____ 2. Sich entspannen, friedlich und ruhig sein

_____ _____ 3. Etwas Gutes essen

_____ _____ 4. Ein Hobby (Kochen, Fischen, Arbeiten mit Holz, Fotografie, Schauspiel, Gärtnern, Sammeln)

_____ _____ 5. Gute Musik anhören

_____ _____ 6. Schöne Landschaften ansehen

_____ _____ 7. Früh zu Bett gehen, tief schlafen und früh aufwachen

_____ _____ 8. Schöne Kleidung tragen

_____ _____ 9. Bequeme Kleidung tragen

_____ _____ 10. Ein Konzert, eine Oper, ein Ballett oder ein Schauspiel besuchen

_____ _____ 11. Einen Sport treiben (Tennis, Softball, Racquetball, Golf, Hufeisenspiel, Frisbee)

_____ _____ 12. Ausflüge oder Urlaub machen

_____ _____ 13. Sich etwas kaufen, das Ihnen gefällt

_____ _____ 14. Im Freien sein (am Strand, auf dem Land, in den Bergen, mit Blättern spielen, durch Sand gehen, in einem See baden)

_____ _____ 15. Künstlerisch aktiv sein (Malen, Bildhauern, Zeichnen)

_____ _____ 16. In der Bibel oder in anderen heiligen Schriften lesen

_____ _____ 17. Das Haus oder die Wohnung verschönern (renovieren, reinigen, im Garten arbeiten usw.)

_____ _____ 18. Einen sportlichen Wettkampf besuchen

_____ _____ 19. Lesen (Romane, Gedichte, Schauspiele, Zeitung usw.)

_____ _____ 20. Sich einen Vortrag anhören

_____ _____ 21. Autofahren

_____ _____ 22. In der Sonne sitzen

_____ _____ 23. Ein Museum besuchen

_____ _____ 24. Ein Musikinstrument spielen oder singen

_____ _____ 25. Eine Bootsfahrt unternehmen

_____ _____ 26. Meiner Familie, Freunden, meinem Arbeitgeber gefällig sein

_____ _____ 27. Über etwas Gutes nachdenken, das in Zukunft geschehen wird

_____ _____ 28. Fernsehen

_____ _____ 29. Campen, Jagen

_____ _____ 30. Körperpflege (Baden, Kämmen, Rasieren)

_____ _____ 31. Tagebuchschreiben

_____ _____ 32. Fahrradfahren, Wandern oder Spazierengehen

_____ _____ 33. Mit Tieren zusammen sein

_____ _____ 34. Menschen beobachten

_____ _____ 35. Ein Nickerchen machen

_____ _____ 36. Sich Naturgeräusche anhören

_____ _____ 37. Sich den Rücken massieren lassen oder selbst jemandem den Rücken massieren

_____ _____ 38. Einen Sturm, Wolken oder den Himmel beobachten

_____ _____ 39. Nichts tun

_____ _____ 40. Tagträumen

_____ _____ 41. Die Gegenwart Gottes in meinem Leben spüren; beten

_____ _____ 42. Den Duft einer Blume riechen

_____ _____ 43. Mit jemandem über alte Zeiten oder spezielle Interessen reden

_____ _____ 44. Auktionen oder Privatflohmärkte besuchen

_____ _____ 45. Reisen

_____ _____ 46. Andere: _____

2. Markieren Sie als nächstes Spalte 2 mit einem Häkchen, wenn Sie die betreffende Aktivität in den letzten 30 Tagen ausgeführt haben.

3. Markieren Sie die Ordnungszahlen der Aktivitäten, die Sie wahrscheinlich (an guten Tagen) gern ausführen würden, mit einem Kreis.

4. Vergleichen Sie die erste und die zweite Spalte, und achten Sie darauf, ob Sie irgendwelche Ereignisse, die Ihnen in der Vergangenheit Freude gemacht haben, in der Gegenwart nicht oft ausführen.

5. Benutzen Sie die gesamte Liste angenehmer Ereignisse für Anregungen, und stellen Sie eine eigene Liste von 25 Aktivitäten zusammen, die Sie am liebsten ausführen.

6. Entwickeln Sie einen Plan, der Ihnen mehr angenehme Aktivitäten ermöglicht. Beginnen Sie dabei mit den einfachsten und denjenigen, die Ihnen am meisten Freude machen. Tun Sie so viele angenehme Dinge, wie Sie vernünftigerweise können. Versuchen Sie, mindestens eine Aktivität am Tag auszuführen und an den Wochenenden mehr. Schreiben Sie Ihren Plan auf einen Kalender, und halten Sie sich mindestens zwei Wochen lang daran. Bewerten Sie jede dieser Aktivitäten auf einer von 1 bis 5 reichenden Skala für Vergnügen (wobei 5 für das größte denkbare Vergnügen steht). Auf diese Weise können Sie den streßbedingten verzerrten Gedanken hinterfragen, daß *nichts* erfreulich ist. Diese Beurteilung kann Ihnen später helfen, weniger erfreuliche Aktivitäten durch erfreulichere zu ersetzen.

Bitte bedenken Sie: Wenn Sie depressiv sind, kommt es häufig vor, daß Sie Ihre bisherigen Lieblingsaktivitäten am schwierigsten genießen können, insbesondere wenn Sie sich in einer Situation daran versuchen, in der Sie in sehr niedergeschlagener Stimmung waren und Sie sie deshalb nicht haben genießen können. Wenn Sie sagen: »Ich habe nicht einmal mehr Freude an meiner Lieblingsaktivität«, könnte dies Ihre depressive Stimmung noch verstärken. Diese Ereignisse werden Sie erst dann wieder als angenehm erleben, wenn die Depression abklingt. Beginnen Sie mit anderen, einfacheren Aktivitäten. Wenn sich Ihre Stimmung wieder bessert, können Sie nach und nach Ihre früheren Favoriten ausprobieren.

Einige Tips bezüglich der Dinge, die Freude machen

→ Treten Sie zur physischen Welt in Kontakt. Achten Sie nicht so stark auf Ihre Gedanken. Spüren Sie den Wind oder die Seifenlauge, wenn Sie Ihr Auto waschen. Sehen und hören Sie.

→ Machen Sie sich vor einer Aktivität bereit, Ihr Vorhaben zu genießen. Identifizieren Sie drei Dinge, die Ihnen an dieser Aktivität Freude machen werden. Sagen Sie: »Ich werde (die Sonne, die Brise, das Gespräch mit meinem Bruder Bob usw.) genießen.« Entspannen Sie sich, und stellen Sie sich vor, wie Sie jeden Aspekt des betreffenden Ereignisses genießen, und vergegenwärtigen Sie sich unterdessen die obige Aussage.

→ Fragen Sie sich: »Was werde ich tun, um diese Aktivität für mich erfreulich zu gestalten?«

→ Falls Sie befürchten, Sie könnten irgendeine Aktivität, die Sie gern ausprobieren würden, nicht genießen, können Sie diese in kleinere Einheiten unterteilen. Denken Sie in kleinen Einheiten, damit Sie in der Lage sind, mit dem Erreichen der jeweiligen Teilziele zufrieden zu sein. Beispielsweise können Sie beim Hausputz mit einer Zeitspanne von zehn Minuten beginnen und dann eine Pause machen. Belohnen Sie sich danach, indem Sie sich selbst auf die Schulter klopfen und sagen: »Gut gemacht!«

→ Überprüfen Sie, ob Ihr Plan ein Gleichgewicht zwischen »muß« und »will« aufweist, und schaffen Sie Raum für letzteres, wenn es zu schwach vertreten ist.

→ Da die Zeit beschränkt ist, sollten Sie sie so weise wie möglich nutzen. Sie brauchen keine Aktivitäten auszuführen, die Ihnen nicht gefallen, nur weil sie zweckdienlich sind.

Kleine Dinge, die das Leben lebenswert machen
von Mark Patinkin, Zeitungskolumnist beim Providence Journal-Bulletin

Ich habe kürzlich eine Kolumne über kleine Dinge, die uns verrückt machen, geschrieben, beispielsweise Wunschkennzeichen, kleine Kläffer und klebrige Fußböden in Kinos. Später drängten mich ein paar weniger zynische Freunde, der anderen Seite ebensoviel Zeit und Aufmerksamkeit zu schenken. Deshalb heute die zweite Liste:

→ Der Geruch verbrennender Blätter im Herbst

→ Eine heiße Dusche, wenn man friert.

→ Sich eine Pizza nach Hause bringen lassen

→ In einem überfüllten Supermarkt als erster merken, daß eine zusätzliche Kasse geöffnet wird.

→ Automatische Eiswürfelmaschine

→ Der einzige Morgen alle sechs Monate, an dem dein dreijähriges Kind tatsächlich bis 7.30 Uhr durchschläft.

→ Daß die Service-Abteilung sagt: »Kein Problem, das geht auf Garantie.«

→ Das Telefon klingeln hören, während du dich zum Essen hinsetzt, und dann merken, daß du den Anrufbeantworter eingeschaltet hast.

→ Bademäntel aus Frotteestoff

→ Der kombinierte Geruch von … frisch gemähtem Gras … und Popcorn, den du auf dem Weg in ein Baseball-Stadion riechst.

→ Hunde, die spüren, wenn du traurig bist, und dann zu dir kommen, um dafür zu sorgen, daß du dich wieder besser fühlst.

→ Zimmerservice

→ Die beiden Wochen im Frühling, in denen sogar die eintönigsten Büsche in Technicolor aufleuchten.

→ Am Sonntagmorgen keine anderen Pläne zu haben, als Zeitung zu lesen.

→ Am O'Hare Airport erfahren, daß dein Flugzeug an Gate 1 statt an Gate 322 steht.

→ Beheizte Pools

(Fortsetzung)

→ Zügig auf der Autobahn fahren, während auf der Gegenfahrbahn ein Zehn-Kilometer-Stau steht.

→ Das Knallen eines Baseballs gegen einen Holzschläger.

→ Der Zoo an einem sonnigen Tag.

→ Ein Vollmond direkt über dem Horizont um 19.30 Uhr, wenn er so groß aussieht wie ein Eßteller.

→ Eine Parklücke vier Schritte von der Tür des Restaurants.

→ Entwickeln von Fotos in einer Stunde.

→ Du kommst zu der Ansicht, du hast von der Welt die Nase voll, und dann schaust du in deinen Kalender und stellst fest, daß du an den nächsten fünf Abenden keine Termine hast.

→ Gänse fliegen über dir und bilden ein perfektes »V«.

→ Auf dem Land im Gras liegen und zu den hellsten Sternen emporschauen, die du jemals gesehen hast.

→ Mikrowellen-Popcorn

→ Der Ticket-Kontrolleur der Fluggesellschaft erklärt dir, daß zu viele Tikkets verkauft worden sind und daß sie dir deshalb anbieten, in der ersten Klasse zu fliegen.

→ Einen Hot-dog essen, während live vor dir ein Baseball-Spiel stattfindet.

→ Blutrote Herbstblätter

→ Eine kühle Brise an einem heißen Tag

→ Dein Koffer taucht im Ankunftsbereich des Flughafens als erster auf dem Gepäck-Karussell auf.

Wenn Ihnen diese Erinnerung daran, die schönen Dinge des Lebens wertzuschätzen, gefallen hat, wird Ihnen wahrscheinlich auch Barbara Ann Kipfers Buch *Vierzehntausend (14 000) Gründe glücklich zu sein* (1990) gefallen.

26

Vorbereitung auf Rückschläge

Sie haben nun zahlreiche Fertigkeiten zur Stärkung der Selbstachtung erworben. Unabhängig davon, wie intakt die Selbstachtung eines Menschen ist, gibt es jederzeit die Möglichkeit, daß sie durch ein besonders markantes »Versagen« oder ein unglückliches Ereignis außer Funktion gesetzt werden kann. Deshalb ist es sehr wichtig, mit »Fehlschlägen« fertig zu werden – um in den unvermeidlichen Stürmen des Lebens das Selbstwertgefühl stark zu erhalten. In gewisser Hinsicht besteht die im folgenden beschriebene Aktivität in einem Rückblick. Zunächst jedoch werden wir eine Vorbeurteilung durchführen:

1. Wobei erleiden Menschen (und somit auch Sie) Mißerfolge bzw. versagen sie?

2. Was bedeutet »Mißerfolg« bzw. »Versagen«?

3. Was hat Ihnen geholfen, mit einem Mißerfolg fertig zu werden, während, bevor und nachdem er geschah?

Wobei erleiden Menschen »Mißerfolge«? Es folgen einige Antworten, die Erwachsene auf diese Frage hin gegeben haben:

→   Beruf
→   Ehe
→   Elternrolle
→   Schule
→   Erreichen des Idealgewichts
→   das Rauchen aufgeben
→   Orientierung an moralischen Standards
→   sich Zeit für angenehme Dinge nehmen
→   Ziele erreichen

Sind Ihnen noch andere eingefallen?

Was bedeutet »Mißerfolg« bzw. »Versagen«? Erwachsene haben diese Frage unter anderem wie folgt beantwortet:

→   Niemand liebt mich
→   Zurückweisung
→   Ich tauge nichts
→   Daß es mir nicht gelingt, meine Selbstachtung aufrechtzuerhalten
→   Daß ich menschlich bin

Was hat Ihnen in der Vergangenheit geholfen, mit »Mißerfolgen« oder »Versagen« fertig zu werden? Einige haben erwähnt, darüber zu reden, habe ihnen geholfen; sich die Erlaubnis zu Fehlschlägen zu geben; sich zu vergeben; sich klar zu machen, daß der Vorfall in ein paar Jahren kaum noch Bedeutung hat; die eigene Orientierung zu ändern.

Wie Sie sehen, erleben Menschen Mißerfolge sehr unterschiedlich, und ihre Fähigkeit, mit solchen Situationen fertig zu werden, ist sehr verschieden.

Sich der Perfektion annähern

Schauen wir uns den »Mißerfolg« einmal auf eine Weise an, die einige der zuvor untersuchten Vorstellungen erweitert.

Perfektion bedeutet, daß etwas abgeschlossen, beendet, ohne Fehler und Makel ist. Da Menschen fehlbar sind, können wir uns dem Zustand der Perfektion nur annähern. Als *Ziel/Erfolg* bezeichnen wir etwas, das wir wollen, um glücklich zu sein, uns wohlzufühlen oder zu wachsen. Weil Menschen sich ständig im Prozeß des Werdens befinden, ist das Ziel in unserer Grafik etwas weiter links als die Perfektion eingeordnet. Nun werden Sie vielleicht einwenden, Sie könnten sich das Ziel setzen, 5 Prozent Ihres Einkommens zu sparen, und es perfekt erreichen. Doch abgesehen von leicht quantifizierbaren Bestrebungen werden Ziele im allgemeinen nur unvollkommen erreicht. Das bedeutet, daß im besten Fall Verbesserungen erzielt werden können, ganz gleich, wie gut die erbrachten Leistungen sind. *Perfektionieren* bedeutet, daß man dem Zustand der Perfektion näher kommt. Dies ist möglich, wenn man versucht, ein Ziel zu erreichen, oder nachdem man ein Ziel erreicht hat.

Menschen sagen oft unpräzise: »Ich bin ein Versager« (was bedeutet: »Ich versage immer und in jeder Hinsicht«), obwohl sie eigentlich meinen: »Ich habe mein Ziel nicht erreicht«, »Ich habe einen Fehler gemacht« usw. Zur Verbesserung unseres Verständnisses leicht abgeändert könnte Hubert H. Humphreys Zitat lauten: »Es besteht ein großer Unterschied zwischen Mißerfolg und Niederlage. Ein Mißerfolg beinhaltet, daß Sie, wenn Sie eine Schlappe erleiden, [nie] etwas lernen und daß Sie nie einen positiven Beitrag leisten.«

Über den Umgang mit Flops

Statt von Mißerfolgen oder Fehlschlägen zu sprechen, bezeichne ich unglückliche Geschehnisse/Verhaltensweisen, Unzulänglichkeiten, Fehler usw. lieber als »Flop«, weil das weniger schwerwiegend und weniger dauerhaft klingt als Fehlschlag/Mißerfolg und weil es sich auf einen äußeren Vorgang bezieht, nicht auf den essentiellen Kern eines Menschen.

Noch ein weiteres Konzept sollte in diesem Zusammenhang erwähnt werden, bevor wir uns dem, was Sie in diesem Kapitel lernen sollen, zuwenden werden. Untersuchungen haben ergeben, daß pessimistisches Denken von Männern in den Zwanzigern einen schlechten körperlichen Gesundheitszustand der Betreffenden in den Vierzigern und Fünfzigern erwarten läßt (Peterson, Seligman & Vaillant 1988). Im Falle eines negativen Ereignisses neigten pessimistische Männer dazu, die negative Entwicklung voll und ganz sich selbst anzulasten, zu glauben, daß sich ihre Situation niemals mehr bessern werde und daß nach und nach alle Bereiche ihres Lebens eine negative Entwicklung nehmen würden. So würde ein Pessimist nach schlechtem Abschneiden in einer Mathematikprüfung denken: »Ich bin schuld – ich bin ein Versager; ich versage bei Matheprüfungen immer; im entscheidenden Augenblick habe ich immer Pech.« Optimisten hingegen, die Jahre später bei wesentlich besserer körperlicher Gesundheit waren, denken vielleicht: »Ich war an jenem Tag körperlich einfach nicht auf der Höhe; das kann schon mal vorkommen; aber es wird mein Leben nicht ruinieren.« Ähnliche Denkweisen unterscheiden Drogensüchtige, die nach einem »Ausrutscher« einen Rückfall erleiden, im Gegensatz zu denjenigen, die sich in ähnlichen Fällen sofort wieder fangen.

Aufgrund derartiger Untersuchungen können wir bestimmte Orientierungsregeln für den Umgang mit Rückschlägen entwickeln:

1. Gestehen Sie sich Fehler ein. Leugnen Sie nicht Ihre Verantwortung, sondern konzentrieren Sie sich darauf, etwas zu *tun*, wodurch der Ausrutscher »ausgebügelt« wird.

2. Deuten Sie den Vorfall um. Statt sich selbst zu verurteilen, worunter das Selbstwertgefühl ebenso wie die Motivation leiden, sollten Sie sich auf Äußerlichkeiten konzentrieren. Statt beispielsweise zu denken: »Was ist mit mir nicht in Ordnung?« (Die Antwort ist leicht: Wir sind nun mal unvollkommen!), konzentrieren Sie sich besser auf Äußeres (Erschöpfung, unzureichende Vorbereitung, zu wenig Erfahrung usw.).

Statt etwas als völligen Mißerfolg zu sehen, können Sie sich auch vergegenwärtigen, daß Sie wahrscheinlich Gelegenheit haben werden, das Fiasko wettzumachen. Nachdem Sie einen »Flop« erlebt haben, können Sie sich folgende Fragen stellen:

→ Sind bestimmte Dinge gut gelaufen?

→ Welche Vorteile hat es für mich, nicht zu bekommen, was ich eigentlich wollte?

→ Welche Bewältigungsfertigkeiten könnte ich dadurch erlernen?

→ Gab es Anzeichen für eine bevorstehende Krise, die ich nicht beachtet habe?

→ Wenn ein ähnlicher Vorfall noch einmal passiert, was könnte ich dann tun, um solche Anzeichen früher zu bemerken?

Schutzimpfung gegen Flops (Übung)

Orientierungshilfen wie die obigen können nützlich sein. Wir werden Sie nun auf die Praxis anwenden. Die folgende Übung ist eine Abwandlung der von Donald Meichenbaum (1985) entwickelten Streßimpfung. Nach seiner Auffassung können Menschen sich auf Streßsituationen vorbereiten, indem Sie üben, was sie vor, während und nach einem Streß erzeugenden Ereignis denken und tun werden. Das Erleben geringer und ungefährlicher Dosen von imaginiertem Streß kann uns gegen Streß immun machen, so wie eine kleine Injektion uns gegen eine Krankheit immunisiert. In diesem Fall ist das Streß erzeugende Ereignis die Aussicht auf einen »Flop« (d.h. auf das Nicht-Erreichen eines Ziels, auf das Begehen eines Fehlers, auf eine schlechte Leistung oder auf das Vergessen der vorhandenen Fertigkeiten zur Stärkung des Selbstwertgefühls angesichts der Konfrontation mit Kritik).

Schritt 1

Markieren Sie alle Aussagen, die Ihnen im Rahmen Ihrer Strategie des Umgangs mit Fehlern/Rückschlagen als sinnvoll erscheinen würden.

vorher

_____ Es wäre schön, wenn ich Erfolg hätte, aber es wäre nicht das Ende der Welt, wenn ich es nicht schaffen würde.

_____ Ich habe das noch nie gemacht; deshalb werde ich besonders vorsichtig sein, bis ich den Bogen heraus habe.

_____ Ich sehe das als neuartige Herausforderung, nicht als Problem oder Bedrohung.

_____ Dies ist ein Geschenk (eine Chance, ein Abenteuer oder eine Herausforderung), kein Problem. (Mutter Teresa)

_____ Ich werde mich dieser Sache mit Neugier nähern, nicht mit Angst oder Selbstzweifeln.

_____ Ich werde mich bemühen, meine Sache gut zu machen. Ich werde den Prozeß aber nicht durch eine perfektionistische Haltung ruinieren.

_____ Ich habe wie jeder andere das Recht, mich an dieser Sache zu versuchen.

_____ Ich werde den Erfolg in kleinen Schritten anstreben. Alles-oder-nichts-Forderungen nachzukommen lehne ich ab.

_____ Ich beginne, ohne absolute Gewißheit über alle Fakten und Resultate zu haben, und das ist okay.

_____ Ich habe das Recht, darüber zu entscheiden, was das Beste für mich ist, und meine Entscheidungen mit Selbstvertrauen und ohne Rechtfertigung umzusetzen.

_____ Ich untersuche ruhig die möglichen Resultate meiner Handlungen.

_____ Wenn ich mir nicht ständig Sorgen über mögliche Fehler mache, bin ich viel kreativer.

_____ Ich konzentriere mich auf meine Entwicklung, nicht auf meine Fehler.

_____ Es ist in Ordnung, etwas auszuprobieren und dabei einen »Flop« zu landen.

_____ Ich werde mich für die Vorgehensweise entscheiden, die mir als die beste erscheint.

_____ Ich werde mich entspannen und mich mit unterschiedlichen Ansätzen und ihren wahrscheinlichen Folgen beschäftigen … Und dann treffe ich die bestmögliche Entscheidung.

_____ Ich bin optimistisch und offen für alle Möglichkeiten.

_____ Was wird diese Herausforderung mir abverlangen? Was kann ich realistischerweise geben?

_____ Ich brauche nicht perfekt zu sein, um meine Sache gut zu machen.

_____ Es könnte Spaß machen, es zu versuchen und den Energieaufwand im Laufe des Prozesses zu erhöhen.

_____ Ich habe keine Angst davor, ein Risiko einzugehen und einen Fehlschlag zu erleiden, weil das meinen essentiellen Wert nicht beeinträchtigt.

_____ Was könnte schlimmstenfalls passieren?

während

_____ Das ist schwierig. Entspanne dich, und konzentriere dich auf die Aufgabe.

_____ Erledige dies Schritt für Schritt. Und freue dich über kleine Erfolge.

_____ Es ist schade, daß die Situation nicht perfekt ist, aber eine Katastrophe ist sie auch nicht.

_____ Jeder macht Fehler und hat Schwierigkeiten. Warum sollte ich glauben, daß das bei mir anders ist?

_____ Mein Streben, diese Unvollkommenheiten zu überwinden und sie positiv zu beeinflussen, ist wichtig.

_____ Entspanne dich, und genieße den Prozeß mit allen Pannen und Schwierigkeiten.

_____ Ich bin kein Gott, sondern ein Mensch. Deshalb ist es okay, daß ich unvollkommen bin. Ich werde mein Bestes tun.

_____ Ich konzentriere mich auf den Prozeß. Das Ergebnis tritt von selbst ein.

_____ Ich werde einen Schritt nach dem anderen gehen.

_____ Ich darf den Humor nicht verlieren. Er erinnert mich daran, daß ich weder so großartig bin, wie ich gern sein würde, noch so schlecht, wie viele Menschen denken mögen.

_____ Das zeigt mir meine derzeitigen Grenzen.

nach

_____ Ich hatte einen schlechten Tag. Das war gestern. Heute ist heute.

_____ Ich bin in dieser Hinsicht noch ein Anfänger, und Anfänger müssen damit rechnen, daß sie ab und an Fehler machen.

_____ Das hier ist nicht wegweisend für mein weiteres Leben.

_____ Ich bin voller Hoffnung.

_____ Ich übernehme Verantwortung dafür, die Situation zu verstehen, aber ich nehme nicht unbedingt die Schuld auf mich, und ich verurteile mich in keinem Fall.

_____ Mein Urteil und mein Verhalten waren schlecht, aber _ich_ war nicht schlecht.

_____ Okay, und was jetzt? Welche Möglichkeiten habe ich jetzt?

_____ Bei dieser Sache ist eine Schwäche von mir ans Licht gekommen. Das ist ein Teil von mir, nicht mein ganzes Wesen.

_____ Meine Schwächen sind nichts weiter als Schwachpunkte. In meinem Kern bin ich wertvoll.

_____ Ich liebe mich, weil ich in dieser Hinsicht so bin, wie ich bin.

_____ Ich bin immer noch meinetwegen hier, um mir selbst in dieser Zeit ein Freund zu sein.

_____ Ich habe den Mut, mich zu lieben, wenn ich unvollkommen bin (dies ist meine Grundlage für Wachstum).

_____ Ganz gleich, was geschehen ist, ich bin weiterhin wertvoll, kostbar und einzigartig.

_____ Ich gebe zu, daß ich manchmal so bin und daß mich das enttäuscht. Ich kann etwas daran ändern.

_____ Ich akzeptiere, wie ich manchmal bin, und ich liebe auch diese unvollkommenen Teile von mir. Diese Liebe gibt mir die Sicherheit, in diesen Bereichen zu wachsen.

_____ Ich werde meinen Kurs ändern, damit ich glücklicher sein kann.

_____ Ich bin lernfähig. Ich kann mich verändern und wachsen.

_____ Ich kann meine Zukunft beeinflussen.

_____ Ich kann in der Vergangenheit Erlebtes nutzen und es in Stärken verwandeln.

_____ Ich habe das Recht, mich jeden Tag zu verbessern und weiterzuentwickeln.

_____ Ich habe das Recht, Fehler zu machen. Ich bin in der Lage, sie einzugestehen und zu beheben, soweit dies menschenmöglich ist.

_____ Dies wird vorübergehen.

_____ Dies wird mir helfen, besser, klüger und stärker zu werden.

_____ Ich habe das Recht, meinen Kurs zu ändern.

_____ Dieser Fehler gibt mir die Möglichkeit, mein Handeln zu korrigieren und festzustellen, was ich korrigieren möchte.

_____ Eigentlich ist das kein Mißerfolg, sondern ein Teil meiner Bemühungen, zum Erfolg zu gelangen. (Babe Ruth)

_____ Statt »Mißerfolg« kann man auch denken: falsche Entscheidung, unzulängliches Urteil, Fehltritt, Fehlstart, zeitweiliges Abkommen vom Weg.

_____ Ich bin in der Lage, aus dieser Erfahrung zu lernen und beim nächsten Mal ein besseres Resultat zu erreichen.

_____ Fehler zeigen mir, was ich verbessern oder korrigieren kann bzw. was zu nichts führt.

_____ Beim nächsten Mal bin ich klüger.

_____ Fehler zeigen, daß ich menschlich und somit fehlbar bin, wie jeder andere Mensch.

_____ Okay, ich habe das verpfuscht; am Anfang hat man oft noch keinen Erfolg …

_____ Okay, ich versage in zehn Prozent der Fälle. In der übrigen Zeit schneide ich ganz gut ab.

_____ Auch hierbei gibt es etwas Positives, auch wenn ich es noch nicht sehe.

_____ Ist es nicht wunderbar, daß ich etwas so Lächerliches zustande bringe und trotzdem noch Hoffnung haben kann?

_____ Ist es nicht interessant, daß ich mich manchmal wegen einer Schwäche oder einer Unvollkommenheit generell verurteile?

_____ Ich habe einen Fehler *gemacht*. Ich *bin* kein Fehler.

_____ Ich bin mehr als mein Fehler. Meine Lebensgeschichte beinhaltet mehr als diesen einen Fehler.

_____ Ich habe einen Fehler gemacht; nun werde ich sofort wieder zu meinen guten Verhaltensmustern zurückkehren.

_____ Ich habe es vorher geschafft und werde es auch wieder schaffen.

_____ Ich glaube daran, daß sich die Situation bessern wird.

_____ Okay, ich bin damit fertig geworden. Deshalb kann ich auch mit anderen Problemen fertig werden.

_____ Das ist nicht das Ende der Welt.

_____ Mein Versagen ist nicht das Ende von allem.

_____ Morgen wird die Sonne wieder scheinen.

_____ Es hat keinen Sinn, wegen verschütteter Milch zu heulen; das ist Schnee von gestern.

_____ Niemand ist ein »Versager«, es sei denn, er gibt völlig auf.

_____ Ich werde mich nicht zweimal unterkriegen lassen: einmal von den Umständen und einmal von mir selbst. (Lowell Bennion)

_____ Irgendwann werde ich besser werden. Es werden neue Chancen kommen.

_____ Dies war eine schwierige und komplexe Aufgabe. Sie ist erschwert worden durch

---

(meine Unerfahrenheit, unzureichende Anleitung oder Hilfe, Lärm, das Wetter, die Temperatur, Unterbrechungen, dadurch, daß ich mich der Sache nicht gewachsen fühlte, oder durch irgendeinen anderen nachvollziehbaren Faktor).

_____ Was werde ich daraus für die nächste Situation dieser Art lernen?

_____ Ich kann unmöglich alles unter Kontrolle behalten.

_____ Ein Mißerfolg ist ein Ereignis, niemals eine Person. (Dr. William D. Brown)

_____ Oh Mann! Jetzt werde ich wirklich etwas lernen. (Harold »Doc« Edgerton)

_____ Ein Mißerfolg ist niemals endgültig. Fange wieder an.

_____ Wird das in ein paar Jahren wohl noch irgend jemanden interessieren?

Schritt 2

Notieren Sie im folgenden fünfzehn Aussagen, die Sie sich am liebsten merken würden, um sie sich vor, während und nach Situationen zu vergegenwärtigen, in denen Ihr Verhalten nicht Ihren Zielen entsprach (fünf für »vor«, fünf für »während« und fünf für »nach«). Die Aussagen brauchen nicht von der obigen Liste zu stammen.

»Vor«-Aussagen

1.

2.

3.

4.

5.

»Während«-Aussagen

1.

2.

3.

4.

5.

»Nach«-Aussagen

1.

2.

3.

4.

5.

Wählen Sie an jedem der nächsten drei Tage ein Ereignis mit »Flop-Potential«. Verbringen Sie fünfzehn Minuten damit, im Geiste zu proben, was Sie in diesem Fall vor, während und nach dem »Flop« denken werden.

Wenn Sie einen sehr amüsanten und triefgründigen Umgang mit Optimismus und mit Mißerfolgen kennenlernen möchten, sollten Sie *Oh, the Places You'll Go!* von Dr. Seuss (1990) lesen.

27

Ein Überblick über das Wachsen

In diesem Teil haben wir wichtige Gedanken und Fertigkeiten untersucht, die den dritten Grundbaustein der Selbstachtung – das Wachsen – betreffen. Die zentralen Gedanken und Fertigkeiten, die Sie neu kennengelernt haben, werden im folgenden nochmals zusammengefaßt.

Wirksame Ideen

→ Wachsen ist ein fortlaufender Prozeß, der nie völlig abgeschlossen ist.

→ Der Prozeß des Wachsens ist eine Art zu lieben. Er ist befriedigend, weil er von der sicheren inneren Basis des Wertes und der Liebe ausgeht.

→ Emotional beinhaltet der Prozeß: »Ich bin froh, wenn ich wachsen und noch besser werden kann, und habe keine Angst davor.«

→ Aufzusteigen ist schwierig. Sie müssen mit harter Arbeit rechnen.

→ Wachsen hat nichts mit Konkurrenz zu tun oder damit, sich mit anderen zu vergleichen. Sie selbst können Ihren Weg bestimmen und über Ihr Tempo entscheiden. Wie bei Diätplänen und beim Körpertraining ist es ratsam, ein Tempo zu wählen, das Sie Ihr ganzes Leben lang durchhalten können.

→ Zu wachsen bedeutet, andere zusammen mit sich selbst emporzuziehen.

→ Wachsen resultiert aus der Anwendung von förderlichen Prinzipien und Freuden.

→ Weil Wachsen bedeutet, eine Treppe hinaufzusteigen, nicht, oben anzukommen, brauchen Sie nicht anzukommen, um Selbstachtung zu erleben. Sie brauchen nur in Ihrem Herzen die Gewißheit zu haben, daß Sie auf dem richtigen Weg sind und sich vorwärts bewegen.

Erworbene Fertigkeiten

1. Die Fertigkeit *Obgleich ich nicht vollkommen bin, gilt trotzdem …*
2. Nur so zum Spaß (Nachdenken über Möglichkeiten)
3. Eine Liste moralischer Stärken
4. Planung angenehmer Aktivitäten
5. Impfung gegen Mißerfolge

Um diese wichtigen Ideen und Fertigkeiten zu verstärken, sollten Sie sich nun einige Augenblicke Zeit nehmen um die folgenden Fragen zu beantworten. Wenn Sie wollen, können Sie vorher die Seiten dieses Teils noch einmal durchblättern, um sich noch einmal vor Augen zu führen, um was es darin ging.

1. Welche der behandelten Gedanken haben für Sie persönlich die größte Bedeutung?

2. Auf welche Fertigkeiten würden Sie am liebsten zurückkommen und sie erneut benutzen?

3. Was brauchen Sie im Moment? Gibt es in diesem Abschnitt Fertigkeiten, mit denen Sie sich gern länger beschäftigen würden? Wenn ja, dann nehmen Sie sich die Zeit, dies zu tun.

Epilog

Zusammenfassung

Jeder Mensch ist in vielerlei Hinsicht ein wunderbares Geschöpf. Dies sollte Ihnen klar sein, und Sie sollten es würdigen, damit Sie zufrieden und freudig wachsen können.

Lassen Sie sich nicht durch Fehler definieren. Lassen Sie auch nicht zu, daß Kritik, Nichterreichen von Zielen, erlebte Traumata, Mangel an Geld oder Status oder irgendwelche anderen Äußerlichkeiten Ihre Selbstsicht bestimmen. Jeder Mensch ist zu kostbar und zu komplex, als daß man ihn in so eng gesteckten Grenzen definieren könnte.

Während unserer gemeinsamen Reise haben wir uns mit zahlreichen Fertigkeiten beschäftigt, mit deren Hilfe das Selbstwertgefühl gestärkt werden kann. Wie bei allen anderen Fertigkeiten dauert es auch bei diesen einige Zeit, bis man sie erworben hat, und man muß sie ständig üben, um sie zu erhalten. Vielleicht werden Sie einige dieser Fertigkeiten in Ihr Leben integrieren, ohne bewußt darüber nachzudenken. Vielleicht erfordern andere, daß Sie sich bewußt Zeit nehmen, um sie zu üben.

Zögern Sie nicht, hin und wieder an der Erhaltung und Verbesserung der erworbenen Fertigkeiten zu arbeiten. Wenn Sie eine Situation erleben, in der Ihre Selbstachtung einer Belastung ausgesetzt wird, dann nehmen Sie sich dieses Buch erneut vor, und üben Sie sich in den Fertigkeiten, die für Sie wichtig sind. Wenn es möglich ist, das Selbstwertgefühl zu stärken, dann ist es auch möglich, es wiederherzustellen.

Wie jede andere wichtige Methode zur Stärkung der Gesundheit ist auch der Aufbau und die Erhaltung des Selbstwertgefühls ein nie endender Prozeß. Doch ebenso wie andere nützliche Gewohnheiten werden auch Fertigkeiten zur Stärkung der Selbstachtung, nachdem man sie einmal erworben hat, fast zur zweiten Natur, und deshalb wird es leichter, sie anzuwenden.

Um die für Sie persönlich wichtigsten Fertigkeiten zusammenzufassen, sie zu verstärken und sie in schwierigen Situationen schnell nutzen zu können, empfiehlt es sich, das gesamte Buch noch einmal durchzugehen und sich dann zu notieren, welche Gedanken und Fertigkeiten Sie in Erinnerung behalten wollen.

Ideen, die Sie in Erinnerung behalten wollen

Fertigkeiten, die Sie in Erinnerung behalten wollen

Anhänge

Anhang I

Modell für die Unterstützung leidender Menschen

Das folgende Modell beschreibt, wie man einem Leidenden helfen kann, seine Symptome zu verringern, und in welcher Beziehung die Selbstachtung zur Wiederherstellung der Gesundheit steht.

Streß

↓

Streßbewältigungsfertigkeiten

↓

Fertigkeiten zur Bewältigung von Depression / Angst / Wut

↓

Fertigkeiten zur Bewältigung unaufgelöster Trauer / Traumata

↓

Fertigkeiten zur Stärkung der Selbstachtung

↓

spirituelle Grundlagen

Umgang mit Streß

Der Begriff »Streß« ist ziemlich allgemein. Bei Menschen, die Streß erleben, können Symptome wie einfache Anspannung, Kopfschmerzen, Erschöpfung, Schlaflosigkeit oder auch Krankheiten auftreten, wobei letztere von Bluthochdruck bis zu PMS reichen können.

Nachdem physische Krankheiten als Streßursache ausgeschlossen und/oder behandelt worden sind, lassen sich die Streßsymptome häufig mit Hilfe der bekannten Streßbewältigungsfertigkeiten verringern, zum Beispiel durch systematische Entspannungsübungen (progressive Muskelentspannung, Meditation, autogenes Training, Tiefenatmung, bildliche Vorstellungen usw.), Zeitmanagement, Kommunikationsfertigkeiten, Körpertraining und Ernährungsumstellung, Yoga sowie andere Streßbewältigungsmethoden. Diese Strategien sind oft sehr nützlich. Wenn sie nicht wirken, sollten Helfer feststellen, ob den Problemen eine Depression, Angst oder starke Wut zugrunde liegt.

Eine klinische Depression läßt sich nach Ausschluß einer physischen Verursachung des Problems oft wirksam mit Antidepressiva behandeln. Andere Patienten sprechen sehr gut auf eine kombinierte medikamentöse und psychotherapeutische Behandlung an.

Unaufgelöste Trauer oder Traumata

Wenn die oben genannten Ansätze das Problem nicht völlig befriedigend lösen, könnten Helfer untersuchen, ob unaufgelöste Trauer oder Traumata vorliegen. Man schätzt, daß bei 15 bis 20 Prozent derjenigen, die sich wegen einer Depression oder Angst in klinischer Stärke an einen Psychotherapeuten wenden, die Symptome durch unaufgelöste Trauer oder Traumata verursacht werden. Sie können durch Ereignisse entstanden sein, die vom Tod eines Kindes oder Elternteils über Mißbrauch/Mißhandlung, Amputationen, Unfälle, Verbrechenserlebnisse bis hin zum Verlust des Arbeitsplatzes reichen (Worden 1982). Zu den in solchen Fällen auftretenden Symptomen zählen emotionale Taubheit, Depression, physische Streßsymptome und Wut. Worden nennt mehrere aktive Ansätze, die Betroffenen helfen, den Trauer- und Heilungsprozeß zum Abschluß zu bringen und darüber hinwegzukommen.

Wiederherstellung des Selbstwertgefühls

Oft wird beobachtet, daß ein beschädigtes Selbstwertgefühl wiederhergestellt werden muß, bevor ein Mensch wieder in der Lage ist, sich als Ganzheit zu fühlen. Beispielsweise sind Überlebende sexuellen Mißbrauchs in der Regel erst in der Lage, sich von ihrer Verbitterung und ihren Rachewünschen zu lösen, nachdem ihr Selbstwertgefühl wiederhergestellt ist. Menschen, die chronisch wütend und defensiv sind, fällt es leichter, Kritik standzuhalten, nachdem sie innere Sicherheit entwickelt haben. So kann ein schwaches

Selbstwertgefühl Menschen für Depression prädisponieren. Weil Depression häufig die Leistungsfähigkeit beeinträchtigt, kann sie auch die Selbstachtung schwächen. In jedem Fall führt die Stärkung der Selbstachtung oft zur Verringerung der Symptome.

Die Kraft einer spirituellen Basis

Spirituelle Grundlagen bzw. Fertigkeiten können zur Verringerung von Symptomen beitragen. Beispielsweise fällt es einem Menschen, der der unendlichen Liebe Gottes gewahr ist, leichter, sich selbst und andere zu lieben und sich und anderen zu vergeben. Allen Menschen Respekt und Achtung zu zollen, kann uns helfen, den bedingungslosen menschlichen Wert zu verstehen. Gewissensfrieden, die Bereitschaft zu vergeben und eine die Ewigkeit einbeziehende Perspektive können helfen, Sorgen zu verringern.

Weitere Erläuterungen

Es folgen nun noch einige Anmerkungen zum hier vorgestellten Modell der Hilfe für Leidende:

1. Zwar vermag ein versierter Psychotherapeut durch seine Arbeit Symptome zu verringern, doch geht es letztendlich darum, den Patienten zur Eigenständigkeit anzuleiten: Er sollte Fertigkeiten erlernen, mit deren Hilfe er das erneute Auftreten von Symptomen selbst verhindern kann, durch die er deren Schwere verringern kann und/oder mittels derer er schließlich wieder den Zustand optimaler Gesundheit erreicht.

2. Das beschriebene Hilfsmodell ist nicht starr, sondern flexibel. Ist z. B. klar, daß die Symptome eines Patienten auf einer schweren klinischen Depression beruhen, würde ein Psychotherapeut oder Psychiater ihn wahrscheinlich nicht zunächst durch Vermittlung von Streßbewältigungsfertigkeiten zu behandeln versuchen, sondern er würde durchschlagendere Methoden anwenden, um die Symptome möglichst rasch zu verringern, beispielsweise mit Hilfe von Antidepressiva. Daraufhin könnten eine kognitiv-behaviorale Therapie und die Vermittlung von Streßbewältigungsfertigkeiten folgen.

3. Manchmal wird die Selbstachtung als gemeinsamer Nenner bezeichnet, weil eine Störung des Selbstwertgefühls die Ursache so vieler Streßsymptome ist. Ganz gleich, ob das schwache Selbstwertgefühl eine Ursache oder ein Resultat der Symptome ist, Fertigkeiten zur Verbesserung des Selbstwertgefühls sind bei der Verringerung dieser Symptome in vielen Fällen von Nutzen. Allerdings ändert dies nichts daran, daß die Entwicklung eines ausgewogenen und umfassenden Behandlungsplans, der alle erforderlichen Behandlungsmodalitäten einbezieht, unabdingbar ist.

Anhang II

Sich selbst vergeben

In fast allen Kulturen gibt es klare Wertvorstellungen darüber, was richtiges und was falsches Verhalten ist. Religionen bezeichnen Verhaltensweisen, die solche Wertvorstellungen verletzen, als Sünden. Schuldgefühle warnen Menschen vor bestimmten inakzeptablen Verhaltensweisen und motivieren sie, diese Verhaltensweisen zu vermeiden. In diesem Anhang geht es um gesunde Schuldgefühle, was beinhaltet, daß es akzeptable Wertvorstellungen gibt und daß Menschen in angemessener Form Verantwortung für ihr Verhalten übernehmen müssen, nicht mehr und nicht weniger. Zu leugnen, daß es gesunde Schuldgefühle gibt, hat ebenso schädliche Konsequenzen, wie irgendein Gefühl zu leugnen. Der Begriff Scham, wie er in der zeitgenössischen Psychologie häufig benutzt wird, bezieht sich auf die schädliche Wahrnehmung, daß man schlecht bis ins tiefste Innere ist.

Reue beinhaltet die Rückkehr in einen früheren Zustand. Unter Theologen besteht weitgehende Übereinstimmung über eine bestimmte Schrittfolge bei der Entwicklung von Reue, die Menschen in einen gereinigten Zustand zurückversetzt, für den unter anderem Gottes Vergebung kennzeichnend ist. Diese Schritte sind:

1. Anerkennen dessen, daß man die betreffende Aktivität tatsächlich ausgeführt hat und daß es falsch war, dies zu tun.

2. Anerkennung dessen, daß man dadurch sich selbst und eventuell auch andere Menschen verletzt hat. Es ist konstruktiv, sich verletzt, traurig, enttäuscht und empathisch zu fühlen und voll und ganz die Verbindung zwischen diesen Gefühlen und dem Verhalten, das zu ihnen geführt hat, zu erkennen.

3. Vor Gott (und vor anderen, die durch das betreffende Verhalten beeinträchtigt worden sind) bekennen, daß man sich über die schädliche Wirkung des eigenen Verhaltens und seiner Folgen im klaren ist, und den verursachten Schaden in angemessener Weise bereuen.

4. Wiedergutmachung anstreben (z. B. ersetzen, was man einem anderen Menschen abgenommen hat; oder sich entschuldigen, wenn man die Gefühle eines anderen verletzt oder sein Selbstwertgefühl beeinträchtigt hat).

5. Das schädliche Verhalten fortan unterlassen (d. h. beschließen, es nicht mehr zu wiederholen und Schritte in die Wege zu leiten, die dazu führen, daß man es auch tatsächlich nicht mehr wiederholt).

6. Sich einer heil(ig)en Lebensweise verpflichten. *Heilig* stammt von der gleichen Wurzel wie heil ab und beinhaltet Ganzheit, Integration und Einklang von Wertvorstellungen und Verhaltensweisen.

Auch nach Abschluß des Prozesses der Reue fällt es einigen Menschen weiter schwer, sich selbst zu vergeben. In solchen Fällen hilft eventuell das im folgenden Beschriebene.

Falsche Verhaltensweisen sind Äußerlichkeiten. Sie umgeben den Kern und können wie ein Schmutzfilm verhindern, daß Licht in den Kern gelangt oder von ihm ausstrahlt. Deshalb können Menschen das Gefühl haben, daß es in ihrem Kern dunkel ist und daß dieser völlig wertlos ist. Doch dieses Gefühl spiegelt nicht die Realität. Vergewissern Sie sich, daß Sie das Gefühl richtig deuten. Das Gefühl der Traurigkeit ist ein Kommentar zu einem Verhalten, das Sie verändern müssen, nicht zum Wert Ihres Kerns! Widersetzen Sie sich allen Impulsen, das Gefühl der Traurigkeit als Kommentar zur Wertlosigkeit Ihres Wesenskerns zu verstehen. Wenn Reue entstanden ist, kann man sich vom Verhalten befreien und den Wert des essentiellen Kerns wieder adäquater erleben.

Das Verhalten kann in Erinnerung bleiben, doch der Schmerz klingt ab.

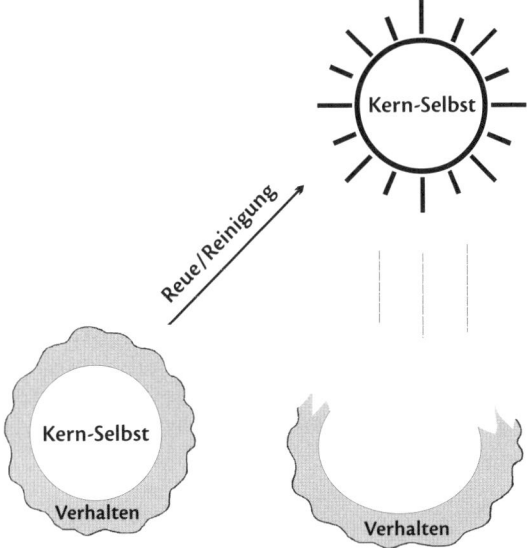

Victor Frankl (1978), der ein KZ überlebte, schreibt: »Es ist ein Vorrecht des Menschen, schuldig zu werden, und es liegt in der Verantwortung des Menschen, Schuld zu überwinden.« Wir fragen uns: Wieviel ist übrig? Was kann ich aktiv tun, um Verantwortung zu übernehmen? Um mein Verhalten zu verbessern? Um Vergangenheit, Gegenwart und Zukunft einen Sinn zu geben?

Anhang III

Die Vergangenheit mit Liebe berühren

Jeder Mensch hat irgendwann schmerzhafte Ereignisse erlebt. Vielleicht verursachen einige dieser Erlebnisse immer noch Schmerzen und hindern Sie daran, Ihr Selbstwertgefühl in seiner vollen Stärke wahrzunehmen. Die im folgenden beschriebene Fertigkeit hilft Ihnen, sich emotional zu heilen und zu stärken und schmerzhafte Emotionen aufzulösen, so daß Sie wieder unbeschwerter leben können. Der wichtigste Wirkstoff der Heilung ist die Liebe.

Diese Aktivität wird hier für diejenigen angeboten, die das starke Bedürfnis haben, den durch frühere Erlebnisse verursachten Schmerz zu neutralisieren und davon zu profitieren. Andere hingegen haben keinerlei Bedürfnis, sich erneut mit der Vergangenheit zu konfrontieren. Und wieder andere ziehen es vor, bei der Konfrontation mit der Vergangenheit die Hilfe eines Psychotherapeuten in Anspruch zu nehmen.

Anleitung

1. Suche dir einen ruhigen Platz, an dem du etwa dreißig Minuten lang ungestört bleibst.

2. Vergegenwärtige dir eine Situation aus deinem Leben, die dir immer noch Schmerzen bereitet. Solche schwierigen Augenblicke können Situationen sein, in denen:

   → Menschen dich verletzen/beschämen (z.B. durch unfreundliche Worte, durch Kritik, Beschimpfungen, anmaßendes Gerede oder höhnische Bemerkungen);

   → du dich allein, vernachlässigt, zurückgewiesen oder verlassen fühlst;

   → du von deinem eigenen Verhalten/deiner eigenen Leistung enttäuscht warst (z.B. von Gefühlen überwältigt warst und nicht wußtest, wie du damit fertig werden solltest; dein Verhalten aus ethischer Sicht falsch war).

3. Nenne die Person, die diese Schwierigkeit erlebte, dein *jüngeres Selbst*.

4. Nenne dein augenblickliches Selbst – das über mehr Erfahrung, Weisheit und Liebe verfügt – das *weisere Selbst*.

5. Stelle dir vor, daß du, das weisere Selbst, in der Zeit zurück zu jenem schwierigen Ereignis reist und daß du dich deinem jüngeren Selbst näherst. Dein jüngeres Selbst schaut auf und sieht dich. Eure Blicke begegnen einander, und ihr spürt eine Verwandtschaft und Vertrauen; dein jüngeres Selbst ist bereit, dir zuzuhören.

6. Du beginnst mit deinem jüngeren Selbst einen Dialog. Du fragst es: »Was bedrückt dich?« Das jüngere Selbst schildert die Fakten des Ereignisses *und* drückt die damit verbundenen Gefühle aus. Du hörst mit starker Empathie und sehr verständnisvoll zu.

7. Du fragst: »Was würde helfen?« Du hörst mit deinen Ohren und deinem Herzen konzentriert darauf, was das jüngere Selbst mit Worten und ohne Worte ausdrückt. Du nimmst die Bedürfnisse wahr und kümmerst dich um sie, beispielsweise um das Bedürfnis nach:

   → Verständnis

   → Anleitung. Vielleicht kannst du dem jüngeren Selbst Fertigkeiten beibringen, die du kürzlich gelernt hast, etwa die *Trotzdem*-Fertigkeit.

   → Unterstützung und Ermutigung (z. B. »Wenn man deine Erfahrung und deinen Ausbildungsstand berücksichtigt, machst du deine Sache sehr gut!« – »Es *wird* besser werden!« – »Du wirst das schon überstehen. Ich weiß, daß du das schaffen wirst.«)

   → physische Hilfe oder physischer Schutz

   → Rat. Überlegt gemeinsam. Benutzt euer beider Erfahrung und Weisheit, um Lösungen zu ersinnen, beispielsweise:

   Vielleicht könntest du dem schlecht behandelten Kind sagen: »So geht man nicht mit einem Kind um.« Das weisere Selbst steht neben dem Kind, um es zu schützen und zu unterstützen.

   Ein Erwachsener könnte zu einem Vorgesetzten, der ihn kritisiert hat, sagen: »Ich verstehe, was Sie meinen. Ich möchte, daß Sie mir helfen. Ich denke, daß ich mich schneller weiterentwickeln werde, wenn Sie auch meine positiven Ansätze erwähnen.«

   Wenn sich das jüngere Selbst auf eine falsche/unethische Weise verhalten hat, könnt ihr gemeinsam die Prinzipien und Verhaltensweisen untersuchen, die menschlichem Wachstum förderlich sind. Stelle dir vor, daß du das jüngere Selbst über diese weiseren Prinzipien und Verhaltensweisen aufklärst. Stelle dir vor, daß du das jüngere Selbst zur Umsetzung dieser Verhaltensweisen anleitest. Und dann sieh, wie das jüngere Selbst sich tatsächlich so verhält und auch andere nützliche Verhaltensweisen zeigt, indem es sich beispielsweise entschuldigt, sein Bedauern wegen der Verletzungen zum Ausdruck bringt, die sein Verhalten verursacht hat, wie es früheres Unrecht wiedergutmacht oder Freundlichkeit zum Ausdruck bringt. Lasse das jüngere Selbst die friedlicheren Gefühle der neuen Verhaltensweisen erleben, und lasse dir von ihm mitteilen, wie es dies empfindet. Versichere ihm immer wieder, daß es klüger ist, sich so zu verhalten.

→ Vor allem aber schenke ihm in jeder Form die Liebe, die es braucht:

→ einen liebevollen, sanften, akzeptierenden Blick,

→ liebende Worte (z. B.: »Ich liebe dich«),

→ eine Umarmung

→ eine beruhigende Berührung.

8. Erkläre deinem jüngeren Selbst, daß du »in die Zukunft zurückkehrst« und daß deine Liebe bei ihm bleiben wird.

9. Lasse deine Aufmerksamkeit in die Gegenwart zurückkehren. Benutze eine *Trotzdem*-Aussage wie: »Das *war* eine schwierige Zeit, und ich liebe mich.« Lasse das heilende Gefühl der Liebe in dich ein und dich umgeben.

Wiederholen Sie diese Übung vier Tage lang, und wenden Sie sie an jedem Tag auf ein anderes schwieriges Ereignis an. Um die Wirkung zu verstärken, empfiehlt es sich, jedes dieser Erlebnisse schriftlich festzuhalten. Das Aufschreiben hilft, die Vergangenheit in eine adäquate Relation zu bringen und einen gewissen Abstand dazu zu schaffen. Außerdem scheint dieses Verfahren Lösungen zu präzisieren und zu verstärken.

Möglicherweise wird sich in den Tagen, in denen Sie an dieser Übung arbeiten, Ihre Stimmung eintrüben. Später jedoch hellt sie sich in der Regel so stark auf, daß sie besser ist als vor Ausführung der Übung. Man kann dies mit dem Aufstechen eines Eiterherdes vergleichen – ein gewisses Maß an Schmerz muß man ertragen, um die Heilung zu begünstigen.

Im folgenden wird die Erfahrung einer Studentin mit dieser Übung geschildert. Die Betreffende erinnerte sich, daß ihre Mutter in ihrer Kindheit oft sehr kritisch mit ihr über ihren Vater gesprochen hatte. Als die Tochter selbst eines Tages in einem Kaufhaus ihren Vater kritisiert hatte, hatte ihre Mutter sie heftig geschüttelt und sie angebrüllt: »Was fällt dir ein, so über deinen Vater zu reden!« Noch als Erwachsene erinnerte sich die Studentin daran, wie schockiert sie damals gewesen war und wie verletzt sie sich gefühlt hatte. Deshalb wählte sie dieses Ereignis aus, um daran zu arbeiten.

In ihrer Vorstellung leitete das weisere Selbst das Kind dazu an, zu seiner Mutter zu sagen: »Warum hast du mich angebrüllt, als ich sagte, was du wolltest und was du mich zu sagen gelehrt hattest?« Das weisere Selbst schützte das Kind, bemerkte aber dann den Schmerz in den Augen seiner Mutter. Deshalb umarmtes es die Mutter. Dann sagte das weisere Selbst zu dem Kind, daß es nicht mit ihm in die Gegenwart zurückkehren könne, und gab dem Kind einen Stein als Symbol für Trost und für die Liebe, die es für das Kind empfunden hatte.

Einsichten, zu denen man mit Hilfe der Imagination gelangen kann

Die Imagination kann zu erstaunlichen Einsichten und Lösungen bezüglich schwieriger früherer Augenblicke führen. Das obige Beispiel veranschaulicht sehr treffend, wie man an Ereignissen der Vergangenheit so arbeiten kann, daß sie sich verändern, und wie man solche Erlebnisse zu einem Abschluß bringen kann, indem man den Schmerz mit Liebe umgibt.

Wenn Sie sich dazu entschlossen haben, diese viertägige Übung auszuführen, dann tun Sie bitte nach den vier Tagen folgendes:

1. Verbringen Sie einen Tag damit, sich noch einmal die Prinzipien und Fertigkeiten zu vergegenwärtigen, die Sie während der Arbeit mit diesem Buch gelernt haben.

2. Verbringen Sie drei weitere Tage damit, diejenigen unter den erlernten Fertigkeiten anzuwenden, die Sie als für Sie persönlich besonders wichtig ansehen.

Diese Schritte helfen Ihnen, Ihre Stimmung zu verbessern und den Fokus wieder auf die Gegenwart zu richten.

Über den Autor

Glenn R. Schiraldi, Ph. D., hat als Berater für Streß-Management für das Pentagon gearbeitet, weiterhin für die *International Critical Indicent Stress Foundation* und die *University of Maryland*, wo er den *Outstanding Teaching Award* im *College of Health and Human Performance* erhielt. Er ist Autor zahlreicher Artikel und Bücher über psychische und körperliche Gesundheit, darunter *The Post-Traumatic Stress Disorder Sourcebook: A Guide to Healing, Recovery, and Growth; Conquer Anxiety, Worry, and Nervous Fatigue: A Guide to Greater Peace*; weiterhin *Hope and Help for Depression: A Practical Guide*; sowie *Facts to Relax By: A Guide to Relaxation and Stress Reduction*; und *Stress Management Strategies*; und schließlich *The Anger Management Sourcebook*. Glenns ausgezeichnete literarische Fähigkeiten wurden von zahlreichen Fachzeitschriften und Publikumsorganen gewürdigt und anerkannt, unter anderen von der *Washington Post*, dem *American Journal of Health Promotion*, der *Mind/Body Health Review* und dem *International Stress and Tension Control Society Newsletter*.

Im Rahmen seiner Tätigkeit an der University of Maryland, die er seit 1980 ausübt, hat er eine Anzahl von Body-Mind-Kursen initiiert und Erwachsenen eines breiten Altersspektrums Streßbewältigungsfertigkeiten vermittelt. Sein Kurs *Stress and the Healthy Mind*, auf dem das vorliegende Buch basiert, wirkte sich äußerst positiv auf das Selbstwertgefühl der Teilnehmer aus und verringerte ihre Symptome von Depression, Angst und Feindseligkeit. In seinen wissenschaftlichen Untersuchungen an der Universität konzentriert er sich auf Persönlichkeit und Streß unter Berücksichtigung von Selbstachtung, Depression, Angst, Wut/Feindseligkeit, Resilienz und posttraumatischen Belastungen. Im Pentagon entwickelte und realisierte er eine Reihe prototypischer Streßmanagementkurse für die Army – unter Berücksichtigung des Umgangs mit Feindseligkeit/Wut, systematischer Entspannung und von Kommunikationsfertigkeiten.

Glenn R. Schiraldi gehört dem Direktorium der *Depression and Related Affective Disorders Association* an, einer Arbeitsgruppe der psychiatrischen Abteilung der *Johns Hopkins University*, weiterhin dem Herausgebergremium des *International Journal of Emergency Mental Health* und der ABC News-Arbeitsgruppe für Posttraumatische Belastungsstörungen. Er hat einen Abschluß der amerikanischen Militärakademie in West Point und Diplome der *Brigham Young University* und der *University of Maryland*.

Literaturempfehlungen

Bloom, L., Coburn, K. & Pearlman, J.: *Die selbstsichere Frau. Das Trainingsbuch zur Selbstbehauptung*. München: Ehrenwirth 1989.

Dieses Buch hilft Menschen, durch die Art ihrer Kommunikation sich selbst und ihren Kommunikationspartnern Respekt zu zollen.

Burns, D.: *Feeling Good: Depressionen überwinden, Selbstachtung gewinnen. Sich wieder wohlfühlen lernen ohne Medikamente*. Junfermann: Paderborn 2006.

Dies ist ein sehr praxisgerechtes Buch über das Ersetzen von Verzerrungen des Denkens, die Depression verursachen und das Selbstwertgefühl unterminieren.

Bradshaw, J.: *Wenn Scham krank macht. Verstehen und überwinden von Schamgefühlen*. München: Droemer/Knaur 2006.

Zu empfehlen, wenn Scham infolge von Vernachlässigung, Mißbrauch oder Kritik das Selbstwertgefühl und die Emotionen geschädigt hat.

Seuss, Dr.: *Oh, the Places You'll Go*. New York: Random House.

Eine sehr kluge und humorvolle Auseinandersetzung mit dem menschlichen Wachstum und der Fehlbarkeit von Menschen, geschrieben für Kinder – oder etwa nicht?

Johnson, H.: *How Do I Love Me?* Salem, WI: Sheffield Publishing Co.

Ein praxibezogenes, gut geschriebenes Buch über Möglichkeiten, die Selbstachtung zu stärken.

Kipfers, Barbara Ann: *Vierzehntausend (14 000) Gründe glücklich zu sein. Buch zum schöneren Leben*. Köln: Könemann 2001.

Wenn ein Teil unseres Wachsens darin besteht, daß wir lernen, die Dinge, die uns umgeben, zu schätzen, dann ist dieses Buch ein wichtiger Bestandteil des Wachstumsprozesses.

Schiraldi, G.: *Facts to Relax By: A Guide to Relaxation and Stress Reduction*. Bestellung beim Utah Valley Regional Medical Center, Education Department, 1134 North 500 West, Suite 204, Provo, UT 84604 (Tel.: 001–801–357–7176).

Ausführliche Anleitung für den Umgang mit Streß unter Einbeziehung von Empfehlungen für systematische Entspannung, Körpertraining und Ernährung; Selbstsicherheits- und Zeit-Management-Training; Veränderung streßerzeugender Einstellungen
und mehr.

Schiraldi, G.: *The Post-Traumatic Stress Disorder Sourcebook: A Guide to Healing, Recovery,
and Growth.* Chicago: McGraw-Hill/Contemporary.

Wenn traumatisierende Ereignisse wie Mißbrauch/Mißhandlungen, Vergewaltigung
oder häusliche Gewalt das Selbstwertgefühl geschädigt haben.

Wissenschaftliche Darstellungen

Lesern, die sich für wissenschaftliche Darstellungen der Ursachen und Folgen verschiedener Schweregrade der Störung des Selbstwertgefühls interessieren, seien folgende Bücher
empfohlen:

Coopersmith, S.: *The Antecedents of Self-Esteem.* San Francisco: Freeman 1967.

Rosenberg, M.: *Society and the Adolescent Self-Image.* Princeton, NJ: Princeton University
Press 1965.

Literaturverzeichnis

Alexander, F. G. (1932). *The Medical Value of Psychoanalysis.* New York: Norton.

Borkovec, T. D., Wilkinson, L. & Folensbee, R. et al. (1983). »Stimulus Control Applications to the Treatment of Worry.« *Behavior Research and Therapy* 21.

Bourne, R. A., Jr. (1992). *Rational Responses to Four of Ellis' Irrational Beliefs.* Palm Beach Gardens, Fla: The Upledger Institute. (Unpublished class handout.)

Bradshaw, J. (1988). *Healing the Shame That Binds You.* Deerfield Beach, FL.: Health Communications, Inc.

Briggs, D. C. (1977). *Celebrate Yourself: Making Life Work for You.* Garden City, NY: Doubleday.

Brothers, J. (1990). »What Really Makes Men and Women Attractive.« *Parade,* August 5.

Brown, S. L. & Schiraldi, G. R. (2000). »Reducing Symptoms of Anxiety and Depression: Combined Results of a Cognitive-Behavioral College Course.« Paper presented at Anxiety Disorders Association of America National Conference, Washington, DC, March 24.

Burns, D. (1980). »The Perfectionist's Script for Self-Defeat.« *Psychology Today,* November.

Burns, G. (1984). *Dr. Burns' Prescription for Happiness.* New York: G. P. Putnam's Sons.

Canfield, J. (1985). »Body Appreciation« in *Wisdom, Purpose, and Love.* Santa Barbara, CA.: Self-Esteem Seminars/Chicken Soup for the Soul Enterprises. Audiocassette.

————. (1988). »Developing High Self-Esteem in Yourself and Others.« Association for Humanistic Psychology, 26th Annual Meeting, Washington, DC, July.

Coopersmith, S. (1967). *The Antecedents of Self-Esteem.* San Francisco: Freeman.

Cousins, N. (1983). *The Healing Heart.* New York: Avon.

De Mello, A. (1990). *Taking Flight: A Book of Story Meditations.* New York: Image Books.

Diener, E. (1984). »Subjective Well-being.« *Psychological Bulletin* 95(3):542–575.

Durrant, G. D. (1980). *Someone Special Starring Everyone.* Salt Lake City, UT: Bookcraft Recordings. Audiocassettes.

Frankl, V. (1978). *The Unheard Cry for Meaning.* New York: Simon & Schuster.

Gallup Organization (1992). *Newsweek,* February 17.

Gallwey, W. T. (1974). *The Inner Game of Tennis.* New York: Random House.

Gauthier, J., Pellerin, D. & Renaud, P. (1983). »The Enhancement of Self-Esteem: A Comparison of Two Cognitive Strategies.« *Cognitive Therapy and Research* 7(5):389–398.

Greene, B. (1990). Love Finds a Way. *Chicago Tribune,* March 11.

Hafen, B. (1989). *The Broken Heart.* Salt Lake City, UT: Deseret.

Howard, C. A. (1992). Individual Potential Seminars, West, TX. August.

Hunt, D. S. (Ed.) (1987). *Love: A Fruit Always in Season.* Bedford, NH: Ignatius Press.

Kipfer, B. A. (1990). *14.000 Things to Be Happy About.* New York: Workman Publishing.

Lazarus, A. A. (1984). »Multimodal Therapy« in *Current Psychotherapies,* 3d ed., edited by R. J. Corsini. Itasca, IL: Peacock.

Leman, K. & Carlson, R. (1989). *Unlocking the Secrets of Your Childhood Memories.* Nashville: Thomas Nelson.

Levin, P. (1988). *Cycles of Power.* Deerfield Beach, FL: Health Communications, Inc.

Lewinsohn, P. M., Munoz, R. F., Youngren, M. A. & Zeiss, A. M. (1986). *Control Your Depression.* New York: Prentice Hall.

Linville, P. W. (1987). »Self-Complexity as a Cognitive Buffer Against Stress-Related Illness and Depression.« *Journal of Personality & Social Psychology* 52(4):663–676.

Lowry, R. J. (Ed.) (1973). *Dominance, Self-Esteem, Self-Actualization: Germinal Papers of A. H. Maslow.* Monterey, CA: Brooks/Cole.

Maslow, A. (1968). *Toward a Psychology of Being,* 2d ed. New York: Van Nostrand Reinhold.

Maxwell, N. A. (1976). »Notwithstanding My Weakness.« *Ensign,* November.

Mecca, A., Smelser, N. & Vasconcellos, J. (1989). *The Social Importance of Self-Esteem.* Berkeley, CA: University of California Press.

Meichenbaum, D. (1985). *Stress Inoculation Training.* New York: Pergamon.

Michelotti, J. (1991). »My Most Unforgettable Character.« *Reader's Digest,* April.

Mills Brothers (1983). »You're Nobody Till Somebody Loves You.« CBS Records/CBS Inc.

Montegu, A. (1988). »Growing Young: The Functions of Laughter and Play.« Power of Laughter and Play Conference. Toronto, Canada.

Morgan, W. P. (1984). *Coping with Mental Stress: The Potential & Limits of Exercise Intervention* (Final Report). Bethesda, NIMH, pp. 11–14. Cited in W. P. Morgan (1985). »Affective Beneficence of Vigorous Physical Activity.« *Medicine & Science in Sports & Exercise* 17(1):94–100.

National Geographie Society (1986). *The Incredible Machine.* Washington, DC.

Nelson, R. M. (1988). *The Power Within Us.* Salt Lake City, UT: Deseret.

Nouwen, H. J. M. (1989). *Lifesigns: Intimacy, Fecundity and Ecstasy in Christian Perspective.* New York: Image Books.

Patinkin, M. (1991). »Little Things That Make Life Worth Living.« *Providence Journal-Bulletin,* April 24.

Pennebaker, J. W. (1997). *Opening Up: The Healing Power of Expressing Emotion.* N.Y.: Guilford.

Peterson, C., Seligman, M. & Vaillant, G. (1988). »Pessimistic Explanatory Style as a Risk Factor for Physical Illness: A Thirty-Five-Year Longitudinal Study.« *Journal of Personality and Social Psychology.* (55):23–27.

Petrie, A. & Petrie, J. (1986). *Mother Teresa.* San Francisco, CA: Dorason Corporation. Videocassette.

Piburn, S. (Ed.) (1993). *The Dalai Lama a Policy of Kindness : An Anthology of Writings by and about the Dalai Lama/Winner of the Nobel Peace Prize.* Ithaca, NY: Snow Lion Publications.

Pippert, R.M. (1999). *Out of the Salt Shaker and into the World: Evangelism as a Way of Life.* Downers Grove, IL: Intervarsity Press.

Ratcliff, J. D. (1967–1974). »I Am Joe's ...« series. *Reader's Digest.*

Richards, S. L. (1955). *Where is Wisdom? Addresses of President Stephen L. Richards.* Salt Lake City, UT: Deseret Book.

Rogers, F. M. (1970). *It's You I Like.* Pittsburgh, PA: Fred M. Rogers and Family Communications, Inc.

Rorty, R. (1991). »Heidegger, Kundera and Dickens,« in *Essays on Heidegger and Others.* New York: Cambridge University Press.

Schiraldi, G. R. & Brown, S. L. (2001). »Primary Prevention for Mental Health: Results of an Exploratory Cognitive-Behavioral College Course.« *The Journal for Primary Prevention:* 22(1).

Schlossberg, L. & Zuidema, G. D. (1997). *The Johns Hopkins Atlas of Human Functional Anatomy* 4th ed. Baltimore: Johns Hopkins University Press.

Schor, J. (1991). »Workers of the World, Unwind.« *Technology Review,* November / December.

Seuss, Dr. (1990). *Oh, the Places You'll Go.* New York: Random House.

Sharapan, H. (1992). Associate Producer, Family Communications, Inc.: Pittsburgh, PA. Personal communication, August 20.

Sonstroem, R. J. (1984). Exercise and Self-Esteem. In *Exercise and Sports Sciences Reviews,* vol. 12. R. L. Terjung (Ed.) Lexington, MA: The Collamore Press, pp. 123–155.

Tamarin, A. (Ed.) (1969). *Benjamin Franklin: An Autobiographical Portrait.* London: MacMillan.

Thayer, R. E. (1989). *The Biopsychology of Mood and Arousal.* New York: Oxford University Press.

Worden, J. W. (1982). *Grief Counseling and Grief Therapy: A Handbook for the Mental Health Practitioner.* New York: Springer.